AF156037

Kohlhammer

Theologische Interventionen

Herausgegeben von

Dorothea Erbele-Küster
Volker Küster
Michael Roth

Band 5

Irmtraud Fischers jahrzehntelanges energisches Engagement für die Frauen- und Genderforschung hat seinen Niederschlag u. a. in ihrer Tätigkeit als koordinierende Herausgeberin von „Die Bibel und die Frauen. Eine exegetisch-kulturgeschichtliche Enzyklopädie" gefunden, die in vier Sprachen erscheint. Ihre hier vorgelegten Miniaturen machen sprachfähig im Blick auf Sexualität, wenn sie die vielfältige Rede von Geschlechtlichkeit und Erotik in alttestamentlichen Texten in thematischen Durchgängen beleuchtet. Der Band zeigt auf, wie die biblischen Sprach- und Denkwelten im gegenwärtigen Kontext Intervention und Inspiration sein können. Die Autorin interveniert gerade auch angesichts der Tabuisierung von Sexualität. Sie zeichnet die lustvollen und sinnlichen Formen von Körperlichkeit etwa im Hohelied nach. Zugleich werden der Zusammenhang von Gewalt und Sexualität sowie unterdrückerische Mechanismen in der Rezeptionsgeschichte aufgedeckt. Schließlich benennt Irmtraud Fischer vor diesem Hintergrund klar Missstände in Kirche und Gesellschaft. Somit liegt hier eine hermeneutisch reflektierte Gesamtschau auf das Thema Sexualität und Geschlechtlichkeit in der Hebräischen Bibel vor. Wir freuen uns, dass dieser Band von Irmtraud Fischer in den Theologischen Interventionen erscheint.

Die Herausgebenden

Irmtraud Fischer

Liebe, Laster, Lust und Leiden

Sexualität im Alten Testament

Verlag W. Kohlhammer

1. Auflage 2021

Alle Rechte vorbehalten
© W. Kohlhammer GmbH, Stuttgart
Gesamtherstellung: W. Kohlhammer GmbH,
Heßbrühlstr. 69, 70565 Stuttgart
produktsicherheit@kohlhammer.de

Print:
ISBN 978-3-17-037026-5

E-Book-Format:
pdf: ISBN 978-3-17-037027-2

Für den Inhalt abgedruckter oder verlinkter Websites ist ausschließlich der jeweilige Betreiber verantwortlich. Die W. Kohlhammer GmbH hat keinen Einfluss auf die verknüpften Seiten und übernimmt hierfür keinerlei Haftung.

Dieses Werk einschließlich aller seiner Teile ist urheberrechtlich geschützt. Jede Verwendung außerhalb der engen Grenzen des Urheberrechts ist ohne Zustimmung des Verlags unzulässig und strafbar. Das gilt insbesondere für Vervielfältigungen, Übersetzungen, Mikroverfilmungen und für die Einspeicherung und Verarbeitung in elektronischen Systemen.

Inhaltsverzeichnis

Dedicato al mio marito Giorgio Coccolo,
il mio amato Berino Berone

Vorwort

In der Hebräischen Bibel, die das Christentum als Altes Testament in seine Heilige Schrift aufgenommen hat, widmet sich ein ganzes Buch erotischen Liedern, die den Genuss von Lust und Liebe feiern. Ein so zentrales Lebensfeld wie die Geschlechtlichkeit, das Menschen mit Lebensfreude und Glück beschenkt, in dem aber auch wie in kaum einem anderen menschlichen Bereich gelitten wird, bedarf der theologischen Erschließung, wenn Gläubige ihr ganzes Leben aus ihrer Religiosität heraus deuten und nicht – wie in der christlichen Welt lange üblich – weiterhin gezwungen sein wollen, diesen so bedeutenden Teil des Humanums abzuspalten. Die verheerenden Missbrauchsfälle, die in Österreich, beginnend mit der Causa des Wiener Kardinals Groer, seit mehr als einem Vierteljahrhundert und in Deutschland seit mehr als einem Jahrzehnt die Katholische Kirche erschüttern, zeigen kontinuierlich die verheerenden Folgen der Tabuisierung von Sexualität.

Diese Publikation ist aus einer Exegese-Vorlesung, die ich im Sommersemester 2019 an der Katholisch-Theologischen Fakultät in Graz gehalten habe, erwachsen, und durch die Tagung *Begünstigen die Machtstrukturen der Kirche den Missbrauch?*, die ich gemeinsam mit Kollegin Gunda Werner am 23.11.2018 in Graz veranstaltete, geschärft worden. Symposium, Lehrveranstaltung und Buch entstanden aus der Notwendigkeit, Theolog*innen und am jüdischen und christlichen Erbe Interessierte sprachfähig zu machen in Anbetracht der in der Katholischen Kirche anhaltenden Problematik der verweigerten Gleichstellung von Männern und Frauen sowie von Homosexuellen und sexuell anders orientierten oder geprägten Personen. Vertuschen ist immer noch die bevorzugte kirchliche Strategie in Bezug auf Sexualität und Gewalt. Aber auch über gut gelebter Geschlechtlichkeit breitet sich immer noch verschämtes Schweigen aus.

Selbst im akademischen Umfeld habe ich die Erfahrung gemacht, dass es so viele Jahre nach der sogenannten „sexuellen Revolution" – zumal für eine Frau – immer noch unschicklich ist, sich diesem zentralen menschlichen Lebensfeld auch auf theologisch-wissenschaftlicher Ebene zu widmen. Sexualität gehört nicht zu den Lieblingsthemen der akademischen Schriftauslegung. Geschlechtlichkeit wird meist als eben auch noch zu streifendes, aber eher ins Hinterzimmer gehörendes Gebiet der Anthropologie behandelt. Jahrelang hatte ich als dem Herausgabekreis Angehörige versucht, ein *Jahrbuch für Biblische Theologie* zu diesem Thema zu initiieren; es war so lange nicht möglich, bis sich aus organisatorischen Gründen eine Lücke auftat und sich spontan niemand bereit erklärte, ein anderes Thema rasch zu behandeln. Dieser Band, den ich mit Uta Poplutz betreuend herausgegeben habe, ist 2020 erschienen; auf seine ausführlichen Diskussionsbeiträge kann damit verwiesen werden.

Dieses Buch möchte die große Bedeutung von Erotik und Sexualität im Alten Testament im Hinblick auf den gesellschaftlichen Hintergrund, die demographische Situation, die anthropologischen Konzeptionen sowie die ikonographischen Darstellungen seiner Umwelt und deren Einfluss auf die metaphorische Sprache aufzeigen. Es soll neues Licht auf den Zusammenhang von Geschlechtlichkeit und Religion werfen, wobei exegetische Details jeweils auf Genderkonzeptionen und -konstruktionen hin befragt werden. Einzelbeispiele von Rezeptionen sollen historische Entwicklungen hin zu einem Tabu bzw. einer Abwertung des Geschlechtlichen aufzeigen, aber gleichzeitig die Vielfalt der Auslegungen darlegen, die zu neuer, kreativer Aktualisierung anregen.

Für die Mühen des Korrekturlesens danke ich meinen Mitarbeiter*innen MMag. Dr. Edith Petschnigg, Ass.-Prof. Dr. Johannes Schiller, Nicole Navratil MA und Helene Prvinsek BEd. Für das professionelle Layout ist Dr. Patrick Marko verantwortlich, dem ich großen Dank schulde. Mein Dank gilt auch den Herausgebenden der Reihe *Theologische Interventionen* sowie Florian Specker vom Kohlhammer Verlag, den ich gegen Ende meines akademischen Wirkens mit Fug und Recht als den Verlag meines Lebens bezeichnen kann.

Graz – Udine – Bad Aussee im Januar 2021   Irmtraud Fischer

I. Sprachfähig werden im Themenfeld der Sexualität

Sexualität ist seit der sogenannten sexuellen Revolution als Thema in aller Munde und vor allem durch die Werbung in unserer neoliberalen Konsumgesellschaft visuell omnipräsent: *Sex sells!* Vor allem Güter, die man vorrangig Männern verkaufen will – wie etwa schnelle Sportwagen oder Rasierwasser selbst von zweifelhaftem Duft – werden durch begehrend sich windende Frauenkörper, die offenkundig „erobert" werden wollen, mit der Verheißung versehen, dass die Männer nach dem Kauf der Produkte ebenso begehrt werden würden. Zudem ist Sex im heutigen Mitteleuropa allzeit und beinah flächendeckend überall käuflich zu haben – zulasten von in ökonomischen Zwangslagen gleichsam versklavten, vorrangig weiblichen Menschen aus aller Herren Länder.

Der Allgegenwart von Sex als Ware und von erotisch-sexuellen Bildern, angeheizt durch eine milliardenschwere Pornoindustrie, steht jedoch eine mangelnde Sprach- und Ausdrucksfähigkeit gegenüber, wenn es um die eigene Geschlechtlichkeit geht. Ich stamme aus einer Generation, die nicht mehr in Prüderie aufgewachsen ist und auch nicht patriarchalisch als Frau im „Kampf um den Mann" sozialisiert wurde, sondern mit dem Bewusstsein, ein eigenständiger Mensch mit intakten Ansprüchen zu sein. Diese Einstellung zur Geschlechtlichkeit ist heute weit verbreitet, aber beileibe nicht flächendeckend. Ein Teil der Jugendlichen macht seine Ersterfahrungen mit Sexualität auf Pornoseiten im Internet, andere unterliegen dem Diktat, dass Sex zur heute üblichen und offenkundig (selbst in Corona-Zeiten) notwendigen „Feierkultur" dazugehört und „cool" konsumiert werden sollte, da man andernfalls Verspottung in den Social Media riskiert. In kirchlich sozialisierten Gruppen hingegen feiert gerade unter der jungen Generation in kleinen Kreisen eine neue Prüderie fröhliche Urständе.

1. Darüber redet man nicht?!

Wie sind diese völlig gegensätzlichen Befunde zu deuten? Ist die Coolness der Jungen eine Gegenreaktion auf die so oft diagnostizierte Sexualisierung der Gesellschaft? Oder ist der erwachenden Sexualität der Reiz des Verbotenen abhandengekommen, da Eltern ihren Kindern beim Übertritt in gelebte Geschlechtlichkeit kaum mehr Grenzen setzen und gesellschaftliche Normen sehr liberal geworden sind? Sexualität wird seit Durchsetzung der romantischen Ehe, in der zwei Partner sich finden und Familien weitgehend ihr Mitspracherecht bei der Partner*innenwahl eingebüßt haben, als Privatsache angesehen. Unsere mitteleuropäische Rechtstradition greift nur mehr dort ein, wo ein Schaden angezeigt wird. Sie geht davon aus, dass Menschen eigenständig in der Lage sind, ihre Sexualität so zu leben, wie es für sie adäquat ist, und dabei die Freiheit und die Lebensqualität der Sexualpartner*in zu achten gewillt sind.

Die Realität sieht allerdings häufig anders aus. Derzeit erschreckt die hohe Anzahl von Frauenmorden, die meist von verlassenen oder verschmähten Partnern begangen werden; die Problemfelder von Kinderpornographie und Zwangsprostitution, aber auch alltägliche Diskriminierungen aufgrund sexueller Dispositionen, die in manchen sozialen Schichten und Berufsfeldern ein *coming out* nur mit Folgeschäden ermöglicht, zeigen anschaulich auf, dass für viele Menschen sexuelle Selbstbestimmung als Menschenrecht selbst in heutigen europäischen Rechtsstaaten mit ihren Antidiskriminierungsgesetzen durchaus nicht flächendeckende Realität ist. Werden diese gesellschaftlichen Unrechtsphänomene überhaupt als solche thematisiert, wird dabei häufig (teils auch aus Gründen der *political correctness*) tabuisiert, wer die Täter*innen sind: Sexueller Zwang und Straftaten werden in überwiegender Mehrzahl von Männern mit herkömmlichen Männlichkeitsvorstellungen der Dominanz ausgeübt und verübt. Für die Durchsetzung von sexueller Selbstbestimmung als Menschenrecht ist daher eine Analyse der Geschlechterkonstruktionen und der vor-

herrschenden Geschlechtscharaktere einer Gesellschaft un-
abdingbar.

Bevor wir uns biblischen Einzeltexten zuwenden, die im
Folgenden immer wieder von anderen Blickwinkeln her beleuchtet werden, liegt es daher nahe, abrisshaft eine Rekon-
struktion der gesellschaftlichen Verhältnisse, der Rechtsvor-
stellungen und Bräuche jener sozialen Gruppen, aus denen die
Texte kommen, zu versuchen.

2. Reale Lebenswelten?

Wie Geschlechtlichkeit im Alten Orient (= AO) und in der Antike im Alltag gelebt wurde, darauf können wir aus Texten und
Bildern der Epoche aus der Region, in der die Bibel entstanden ist, zwar schließen, aber wir können nicht mit Gewissheit
sagen, ob das darin Mitgeteilte tatsächlich der gesamten Le-
bensrealität entsprach.

Aufgrund zahlreicher Hinweise, dass auch Frauen Lieder
gedichtet und gesungen (z.B. Mirjam in Ex 15; Debora in Ri 5;
Hanna in 1 Sam 2; Judit in Jdt 16; Beschreibungslieder des Hld)
sowie Schriftstücke gelesen (Hulda) und verfasst (Ester) haben,
können wir nicht behaupten, dass die Textproduktion in Alt-
Israel ausschließlich in männlichen Händen lag. Auch wenn
keinesfalls gesichert ist, dass diese den Frauen zugeschriebe-
nen Texte tatsächlich auf Verfasserinnen zurückgehen, halten sich fiktive Texte dennoch an gewisse kulturelle Gegebenheiten, wenn sie nicht eine Satire oder Verfremdung bieten
wollen. Das Gros der Texte geht aber in den altorientalischen
(= ao.) Kulturen sicher auf Männer zurück. Da Erzählungen –
und in noch reduzierterem Maß auch poetische Texte – immer
nur ein Fenster zur Realität öffnen, muss der Ausschnitt des
Erzählten kritisch befragt werden: Ist es überwiegend eine
männliche Perspektive, aus der die textlichen und bildlichen
Hinterlassenschaften dargestellt werden, oder ist die Lebens-
realität aller Geschlechter im Blick?[1] Halten sie die Sichtweise
der gesellschaftlich Dominierenden fest und fehlt daher jene

---

[1] Siehe die Unterscheidung von *male and female voices* bei Athalya Brenner / Fokkelien van Dijk Hemmes, On Gendering Texts, Leiden 1993.

der Versklavten und Entrechteten, die im gesamten AO und der Antike selbstverständlich einen Teil der Gesellschaft bildeten? Thematisieren sie nur Aspekte des Geschlechtslebens der reproduktiven Phase oder ebenso von ganz jungen oder alten Menschen? Zur Identifikation von Machtsphären, die solche Ausschnitte produzieren können, sind die Intersektionalitätskriterien erhellend, die in skalenmäßigen Abstufungen die soziale Stellung eines Menschen in patriarchal strukturierten Gesellschaften wechselseitig bestimmen.

Kriterien	Positive Diskriminierung	Negative Diskriminierung
Bürgerstatus im AO	frei	unfrei
Geschlecht	männlich	weiblich / divers
Geschlechtliche Orientierung	heterosexuell	nicht heterosexuell
Alter im AO: frei unfrei	alt jung	jung alt
Ökonomischer Status	reich	arm
Kolonialer Status	dem imperialen Zentrum zugehörig	der dominierten Peripherie zugehörig
Ethnizität / Religion	einheimisch / dominant	ausländisch / fremd / deviant
Psychophysischer Status	gesund	krank / mit speziellen Bedürfnissen

Zur Lebenswelt der Menschen aus jenen Zeiten, in denen die Bibel entsteht, haben wir also nur sehr bedingt Zugang, wobei allerdings jene Texte, die Gesichtspunkte einbringen, die nicht dem Mainstream, d.h. der Sichtweise der positiv Diskriminierten, entsprechen, besondere Aufmerksamkeit verdienen. Dies kann freilich in sehr unterschiedlicher Form gegeben sein und etwa durch Protagonist*innen vertreten werden, die dem gesellschaftlich zu Erwartenden oder der bevorzugten Lesart zuwiderhandeln.

3.   Wort- und Problemfelder

Alle Sprachen – und innerhalb derer jedes soziale Milieu und jeder „Sitz im Leben" – haben ihre eigene Art, über Sexualität zu reden.[2] Während literarisch Tätige mit ihren Figuren die gesamte Breite abdecken können, ist es in spezifischen Lebensbereichen meist nicht möglich, solche kulturellen Codes zu wechseln, ohne einen Tabubruch zu begehen. Wer bei feierlichen Hochzeitszeremonien „dirty talk" benutzt, wird geächtet, wer im Männerknast von romantischer Liebe schwärmt, wahrscheinlich ausgelacht werden. Für die biblische Rede über Geschlechtlichkeit haben wir Ähnliches vorauszusetzen: Die Anlässe und die literarischen Gattungen bestimmen auch hier die Form, in der darüber gesprochen wird.

Ein erster, sehr bedeutender Kontext ist die Rechtssprache. *Lqḥ 'iššā*, „eine Frau nehmen", steht mit dem in nachexilischer Zeit auch für Ehen mit Ausländerinnen häufig gebrauchten Ausdruck *ns' 'iššā*, „eine Frau aufnehmen", für den legalen Beginn einer Ehe. Subjekt ist dabei immer der Ehemann, bei arrangierten Ehen können es auch die Eltern sein, die für den Sohn eine Frau „nehmen". Der Ausdruck hat, anders als im heutigen Deutsch, keinen dominanten Beigeschmack, sondern bedeutet in patriarchalen Verhältnissen mit androzentrischer Weltsicht einfach rechtlich gültig „heiraten". Auch die beiden Wendungen „ihm zur Frau werden" (*haj^eta lo l^e'iššā*) und „des Mannes werden" (*haj^eta l^e'iš*) verweisen ebenso auf diesen legalen Schritt wie *b'l*, das eine Frau unter ihren „Eheherrn" stellt. In einigen Fällen hat auch die Annäherung, *qrb*, an eine Frau sexuelle Bedeutung.

Unabhängig von der Eheschließung wird der Vollzug des Geschlechtsverkehrs mit dem „Kommen" (*bo' äl-*) zu einer Frau oder mit dem „Erkennen" (*jd'*) ausgedrückt; *škb ät-*, „sich hinlegen" mit einem Menschen, sowie die damit zusammenhängenden nominalen Ausdrücke *škbh* und *mškb*, „Beilager", können sowohl einen heterosexuellen als auch einen gleichgeschlechtlichen Verkehr bezeichnen. Die Formulierung

---

[2]   Zum Vokabular siehe Athalya Brenner, The Intercourse of Knowledge, Leiden 1997, 8–30.

die „Scham entblößen" (*glh 'ärwa*) kann ebenso für beide Geschlechter verwendet werden und steht im Verbot insbesondere für Inzesttabus (siehe Lev 18). Das „Ausbreiten des Mantels" wie in Rut 3,9 oder Ez 16,8 über eine Frau kann als Gegensatz dazu für die Legalisierung einer Beziehung stehen.

Der geliebte Mensch wird als *dodi*, kann aber auch als *'aḥot* „Schwester" oder *'aḥ* „Bruder" bezeichnet werden; *dodim* verweist insbesondere im Hld auf sexuellen Vollzug, während die Wurzel *'hb*, „lieben", auf alle möglichen Formen eines starken Zusammenhalts verweisen kann: auf Vasallentreue, auf die Liebe zwischen Eltern und Kindern, auf die Gottesliebe und eben auch auf die geschlechtliche Liebe.

Bei Handlungen, die dem Liebeswerben zugereiht werden, sind vor allem das „Küssen", *nšq*, und das liebkosende „Umarmen", *ḥbq*, zu nennen. Das sexuelle Begehren kann mit den Wurzeln *'wh* und *ḥpṣ*, das scherzende Spiel des Flirtens sowohl mit *ṣḥq* als auch mit *sḥq* ausgedrückt werden, beide Wurzeln haben jedoch eine viel breitere Bedeutung. Auf die Penetration verweist aber auch die allgemeine Bezeichnung für „Weibliches", die für Mensch und Tier gleichermaßen Verwendung findet: *nqbh* geht die auf die Wurzel *nqb*, „ein Loch bohren", zurück. Dabei fällt insgesamt auf, dass weibliche Geschlechtsorgane öfter direkt und mit mehreren Ausdrücken bezeichnet und zudem mit übertragenen Bedeutungen befrachtet werden. So wird die Bezeichnung *räḥäm* für das kräftigste menschliche Organ, die weibliche „Gebärmutter", auch für „Erbarmen" gebraucht und sehr häufig mit Gott als Subjekt verwendet.[3] *Bätän* meint hingegen wohl alle innenliegenden weiblichen Geschlechtsteile und wird am besten mit „Mutterleib" wiedergegeben. „Brüste", *šadajim*, sind sowohl als hocherotischer Körperteil als auch als Quelle der Nahrung und Beruhigung für das Kind beim Stillen im Blick.

Männliche Geschlechtsorgane werden hingegen häufig euphemistisch umschrieben. Von *basar*, „Fleisch", oder *jad*, „Hand", sowie den *regalim*, „Beine", ist da die Rede. Die direkte Bezeichnung für Hoden, *'äšäk*, kommt in der Bezeichnung einer Beschädigung nur ein einziges Mal in Lev 21,20 vor.

---

[3] Siehe Phyllis Trible, Gott und Sexualität im Alten Testament, Gütersloh 1993, 46–76.

Von Samenerguss und Menstruation sowie Ausfluss aus den Geschlechtsorganen aller Geschlechter ist hingegen häufig die Rede (vgl. Lev 15), da sie die nachexilischen Reinheitsvorschriften tangieren. Zeugen und Gebären wird mit ein und derselben Wurzel *jld* ausgedrückt, man könnte also möglichst neutral mit „ins Leben bringen" übersetzen. Der „Samen", *zr'*, des Mannes bringt nach allgemeiner Vorstellung das Leben zustande, allerdings gibt es auch Stellen, die auf die Genealogiegründung von Frauen hinzielen, wo vom „Samen" einer Frau gesprochen wird (Gen 24,60; Rut 4,12).

Fasst man diese Variationen der Bezeichnungen für Geschlechtsorgane oder Handlungen der sexuellen Begegnung zweier Menschen zusammen, so ist die Sprache nicht gerade vielfältig. Zusammen mit den häufigen Euphemismen zur Bezeichnung insbesondere der männlichen Geschlechtsteile erweckt dies den Eindruck einer die Sexualität tabuisierenden Sprache, die vor allem dort fast technisch gesprächig wird, wo es um Kultfähigkeit oder gestörte Funktionen geht. Diesem Urteil ist allerdings entgegenzusetzen, dass die Hebräische Bibel eine überaus reiche Metaphernsprache sowohl für die Beschreibung der nackten Körper als auch für den sexuellen Genuss, aber ebenso für sexuelle Gewalt bereithält. Von einer Sprachlosigkeit der biblischen Texte bezüglich Geschlechtlichkeit kann also keine Rede sein. Sprachbilder sind im Gegensatz zu reinen Bezeichnungen oder Beschreibungen in der Lage, die Phantasie anzuregen und mit einem einzigen Bild Sachverhalte darzulegen, die andernfalls eine ganze Abhandlung benötigen würden. So können etwa Essen und Trinken als lustvolle wie auch notwendige Lebensvollzüge metaphorisch für die sexuelle Begegnung stehen. Der Kontext kann dem Sprachbild jedoch völlig gegensätzliche Bedeutungen geben, wenn etwa in Spr 5,15–20 das Trinken aus dem frischen Brunnen und den eigenen Quellen als Aufruf zum Liebesgenuss mit der eigenen Frau steht, in Jes 51,17–23 das Trinken aus dem Zornesbecher jedoch für die Eroberung der Stadt und damit für die Vergewaltigung der sie repräsentierenden Frau steht. Ebenso steht der Genuss von Wein für das Berauschende der körperlichen Liebe, die die Sinne schwinden lässt (z. B. Hld 1,2; 2,4), dieser kann aber vor allem dann, wenn er im

Überfluss genossen wird, als Symbol des Kontrollverlusts und der Verantwortungslosigkeit stehen (Spr 20,1f.; 23,20.29–35; 31,4–7; Jer 13,13). Da im Folgenden in mehreren Kontexten auf die Liebesmetaphorik eingegangen wird, sei es hier bei diesen beiden Beispielen belassen.

4. Ikonografische Darstellung sexueller Akte im Alten Orient

Die Bibel kennt nur Sprachbilder, aber der AO spricht auch in ikonografischen Bildern bis heute zu uns. In vielen Malereien, Reliefs und Skulpturen sind sexuelle Akte ins Bild gesetzt, aber auch Szenen dargestellt, die als erotisch zu werten sind. So sind etwa die berühmten Reliefs aus El-Amarna zu verstehen, in denen ein Paar an einer Lotusblüte riecht, in trauter Zweisamkeit gemeinsam isst, der König seiner Königin zu trinken gibt oder sie sich mit einer Schale dem thronenden Gemahl nähert. Es sind gleichsam Lesebilder, die mit derselben Metaphorik spielen wie etwa die biblischen Texte des um ein gutes Jahrtausend jüngeren Hohelieds.

Aber es finden sich auch zahlreiche Darstellungen von nackten Paaren, die umschlungen auf Betten liegen, in Umarmung dicht beieinanderstehen oder den Geschlechtsverkehr in unterschiedlichsten Stellungen vollziehen. Belege für heterosexuelle Akte überwiegen dabei im AO deutlicher als im antiken Griechenland, aber es gibt durchaus auch Darstellungen von Geschlechtsverkehr unter Männern. Berühmtheit erlangt hat das Grab von Nianchchnum und Chnumhotep aus der zweiten Hälfte des dritten vorchristlichen Jahrtausends, das in Saqqara gefunden wurde, und in dem beide mehrfach in inniger Umarmung dargestellt werden. Die ostentative Visualisierung des homosexuellen Paares lässt sich nicht anders deuten, als dass die beiden auch zu Lebzeiten in öffentlicher Partnerschaft lebten, was freilich auf Toleranz gleichgeschlechtlicher Liebe hinweist.[4]

---

[4]   Dazu ausführlich: Martti Nissinen, Homoeroticism in the Biblical World, Minneapolis 1998; sowie Bernadette J. Brooten, Liebe zwi-

Alle diese Bilder sind nicht statisch zu deuten, sondern erzählen gerade durch Darstellungen des „Multitaskings" während geschlechtlicher Handlungen mehrere Szenen in einer:[5] Wenn kopulierende Paare mit Instrumenten Musik machen oder mit Strohhalmen vermutlich berauschende Getränke schlürfen, fängt dies die Festatmosphäre ein, in der Sexualität ihren feierlichen Platz hat.

Aber der AO trägt bezüglich Geschlechtlichkeit keine rosarote Brille. Es finden sich ebenso Darstellungen von sexueller Nötigung und Vergewaltigung bei beiden Geschlechtern. Als Kontext solcher Darstellungen ist hier vor allem der Krieg zu nennen, der im Falle des Sieges mit der sexuellen Demütigung der Feinde endet, aber wohl auch Einblicke in den Umgang mit Prostituierten und Versklavten aller Geschlechter gibt.

Darstellungen sexueller Akte, seien sie in festliche oder feindliche Umgebung eingebettet, sind kaum ursprünglich als pornografische Darstellungen zu lesen, wenngleich sie als solche auch Verwendung finden konnten. Es sind repräsentative Bilder, die den Betrachtenden Botschaften vermitteln sollten, die von der – teils auch religiös konnotierten – Feierstimmung bis zur terrorisierenden Drohung reichen konnten. Allemal erweisen sie die Tatsache, dass Sexualität als integraler Bestandteil menschlicher Existenz in diesen Kulturen nicht tabuisiert wurde.

5. Wie die biblische Botschaft ins Heute holen? Zur Legitimität der Aktualisierung von kanonischen Texten

Kanonizität von Texten bedeutet, dass diese in ihrem Bestand unveränderbar sind. Bereits das Deuteronomium (4,2; 13,1) definiert dies mit der Formel „nichts hinzufügen, nichts weglassen". Solche Texte fallen aber nicht vom Himmel. Für den

schen Frauen, Münster 2020.
[5] Siehe Martin Leuenberger, Geschlechterrollen und Homosexualität im Alten Testament, in: EvTh 80 (2020), 206–229, hier 208–211.

biblischen Kanon haben wir einen langen und komplexen Prozess sowohl der Entstehung als auch der Kanonisierung anzunehmen, der in Bezug auf die Hebräische Bibel zuerst für die Tora, die fünf Bücher Moses, wohl im ausgehenden 5. Jh. v. Chr. einsetzte, nach dem Beleg von Sir 46–49 für den Kanonteil der Prophetie spätestens um 200 v. Chr. abgeschlossen war, und für den letzten Kanonteil der Schriften frühestens gut hundert Jahre nach der Zeitenwende beendet wurde. Für die unterschiedlichen Kanonformen der christlichen Konfessionen bildete sich zwar bereits in der Spätantike ein gewisser Konsens heraus, welche Schriften inkludiert sein sollten und welche nicht, aber wirklich entschieden wurde dies erst spät: Während die orthodoxen Denominationen die Schriften der Griechischen Bibel, die Septuaginta, als kanonisch ansahen, entschieden sich die Kirchen der Reformation für den Umfang der Hebräischen Bibel. Die Katholische Kirche definierte erst Mitte des 16. Jh. auf dem Konzil von Trient als Gegenreaktion darauf ihren Kanon mit dem Umfang der Vulgata.

Die Entscheidung einer religiösen Gemeinschaft, gewissen Texten dauerhafte Relevanz als göttliche Offenbarung in menschlichem Wort (so Dei Verbum 11) zuzusprechen, bedeutet deren Kanonisierung, die ein Einfrieren des Textbestandes bedingt. Während man bis zum Zeitpunkt der Kanonisierung *in* den Texten weitergearbeitet, Hinzufügungen und Weglassungen getätigt hat, ist dies danach nicht mehr möglich. Wie Jan Assmann herausgearbeitet hat, müssen heilige Texte rezitiert, jedoch nicht erklärt, kanonische hingegen verstanden und damit ausgelegt werden.[6] Ein kanonischer Text muss daher notgedrungen Kommentare nach sich ziehen, die den Text für die jeweilige Zeit aktualisieren, ihn für geänderte Situationen adaptieren und damit für das Leben der Gläubigen relevant halten. Damit entsteht das Paradox, dass kanonische Texte zwar unveränderbar sind, in ihrer aktuellen Bedeutung aber überaus flexibel sein müssen.[7]

Betrachtet man die Auslegungsgeschichte der Bibel, so muss man beinah feststellen: *anything goes*. Denn historisch

---

[6]   Jan Assmann, Das kulturelle Gedächtnis, München [8]2018.
[7]   Siehe Andreas B. Kilcher / Liliane Weissberg (Hg.): Nachträglich, grundlegend, Göttingen 2018.

gesehen wurde die Bibel leider auch häufig zur Legitimierung von Ansichten verwendet, die in den Texten keinerlei Anhaltspunkt haben. Bei manchen Deutungen – auch solchen, die Sexualität und Geschlechterverhältnisse betreffen – kann man sagen, dass biblischen Texten Gewalt angetan wurde. Aber solche, vom historisch-kritischen exegetischen Standpunkt als Fehldeutungen oder Fehlübersetzungen zu beurteilende Rezeptionen, die sich teils über längere Zeit durchsetzen konnten, können auch als Potenzial gegen fundamentalistische Gewissheiten genutzt werden, die behaupten, dass die Bibel durch all die Jahrhunderte hindurch gleich verstanden wurde. Denn häufig argumentieren gerade jene Menschen, die jegliche Inkulturation jüdischer oder christlicher Glaubenstradition in heutige westliche Geschlechterdemokratien verweigern, mit der Bibel in der Hand und sind nicht bereit, die Bandbreite der Auslegungsmöglichkeiten eines Textes und dessen vielfältige Rezeptionen anzuerkennen, und häufig blenden sie auch Bibeltexte aus, die ihre eigenen Ansichten nicht bestätigen. Das Keulenargument „Das steht doch in der Bibel!" kommt bei Beachtung des soziokulturellen Entstehungs- und Auslegungskontexts meist auf tönernen Füßen daher. Vor allem aber leistet es dem Verfall dessen Vorschub, was man zu bewahren vorgibt: der Kanonizität der Heiligen Schrift. Denn da die Relevanz von Texten für das Glaubensleben nicht ohne sorgsame Berücksichtigung des Kontexts seiner Adressaten zu erhalten ist, bedeutet die Verweigerung von Inkulturation zwingend auch den Bedeutungsverlust der Texte als Heiliger Schrift.

In diesem Buch wird daher darauf geachtet, die Texte nicht nur in ihrem historischen Kontext zu untersuchen, sondern auch Rechenschaft abzulegen, was sie im Hier und Heute für Menschen in Geschlechterdemokratien sagen können. Diese Suche nach Antworten auf die Fragen von heute ist aber keineswegs als anachronistisches Unternehmen zu charakterisieren, das im Verdacht stünde, Problematiken in die Texte hineinzulesen, sondern als unumstößliche Aufgabe im Umgang mit kanonischen Texten: Sie müssen ins Heute geholt und je neu befragt werden, wenn sie nicht ihre Relevanz für das je eigene Leben verlieren sollen.

II. Soziokulturelle Gegebenheiten und rechtliche Regelungen der Sexualität

Um Texte über Sexualität richtig einordnen zu können, muss zunächst den soziokulturellen Hintergründen sowie den aus Rechtstexten, aber auch aus Erzählungen zu erschließenden rechtlichen Rahmenbedingungen sowie Sitten und Bräuchen nachgegangen werden.[8]

1. Eheschließung – Eheformen – legitime Sexualkontakte

In heutigen westlichen Kulturen ist ab der Romantik die freie Partner*innenwahl schichtenübergreifend selbstverständlich geworden. Sexuelle Beziehungen sind zudem nicht mehr nur auf die Ehe beschränkt, wie dies bis zur sogenannten sexuellen Revolution im Zuge der 68-er Bewegung noch weitgehend gesellschaftliche Konvention war. Eltern spielen bei Eheschließungen kaum mehr eine Rolle und haben nur mehr bei Minderjährigen ein Vetorecht. Zu den gravierendsten Unterschieden zu biblischen Kulturen gehören zudem das in Relation zur Geschlechtsreife späte Heiratsalter und die Erwartung sexueller Treue von beiden Partnern.

Das frühe Heiratsalter und seine Implikationen

Im Normalfall werden in Alt-Israel Jugendliche wohl bald nach der Geschlechtsreife verheiratet.[9] Dieser Brauch nützt

---

[8] Vgl. ausführlicher Irmtraud Fischer, Verhältnis der Geschlechter, in: Walter Dietrich (Hg.): Die Welt der Hebräischen Bibel, Stuttgart 2017, 309–323.

[9] Anders nun Volker Grunert / Carolin Kloß, Virgo intacta?, in: David Bindrim u. a. (Hg.): Erotik & Ethik in der Bibel, Leipzig 2021, 192–218.

in Epochen mit sehr hoher Kinder- und Müttersterblichkeit und geringer Lebenserwartung nicht nur die fruchtbare Lebensphase optimal aus, sondern stellt sicher, dass der sexuelle Erstkontakt mit der Verlobung oder Eheschließung einhergeht, die in Zeiten ohne Vaterschaftstest die genealogische Herkunft des Erstgeborenen, der sowohl die Sippenlegitimität weiterführt als auch das Haupterbe antritt, garantieren.

Heterosexualität gilt in diesen Gesellschaften des AO als rigide Norm, da sie der Reproduktion der Familien dient. Wenn Jugendliche in einem Alter verheiratet werden, in dem ihre Sexualität gerade erwacht ist, sind Ehen schon geschlossen, bevor noch Klarheit über die *sexuelle Orientierung* geschaffen werden kann. Homosexualität kann daher nicht wie heute in den meisten unserer westlichen Gesellschaften frei in Beziehungen gelebt werden, sondern spiegelt sich in erzählenden Texten immer als Bisexualität wider. Eine Orientierung zum gleichen Geschlecht hin wurde während bestehender Ehe wohl als Verletzung eines interfamiliären Vertrags bewertet und war aus diesem Grund gesellschaftlich unerwünscht. Um jedoch seine gesellschaftliche Position zu wahren, hat man sich wegen sexueller (Neu-)Orientierung aber wohl auch nicht scheiden lassen.

In Gesellschaften mit sehr *frühem Heiratsalter* ist es verständlich, dass man sich nicht selber das Ehegespons sucht, sondern die Eltern (ausdrücklich Vater und Mutter in Ri 14,2) die Ehe für die jungen Paare arrangieren. Geheiratet wird im Normalfall innerhalb eines kleineren sozialen Verbandes. In nachexilischer Zeit, in der man sich nach den Zerstörungen in Juda und durch die Reintegration der Rückkehrenden aus dem Exil einer jüdischen Identität versichern will, scheint die Kreuzcousine, die Tochter des Bruders der Mutter, die ideale Braut zu sein: Für den Erstgeborenen, der die genealogische Hauptlinie der nächsten Generation bildet, sucht man also unter den Töchtern des Bruders der eigenen Mutter eine Ehefrau (vgl. in den Erzeltern-Erzählungen: Rebekka, Rahel und Lea).

All diesen Sitten und Bräuchen zum Trotz gibt es jedoch auch *Liebesehen*, bei denen beide oder zumindest ein Partner aufgrund von Zuneigung die Ehe initiiert. Michal (1 Sam 18,20.28) und Jakob (Gen 29,9–21) sind hier als Beispiele zu nennen, die sich in ihre späteren Ehepartner*innen verlieben. Das Hohelied ist zweifellos eine Sammlung von Liedern, in der zumindest die Frau die Liebe ohne Eheband besingt (vgl. 8,1f.) und die Liebenden ihrem Begehren freien Lauf lassen.

Die patriarchale Ehe mit Brautpreis und Ehevertrag wird im Haus des Mannes gelebt

Ehen sind im Normalfall also weniger Liebesgemeinschaften, sondern vielmehr Verträge zwischen zwei verwandten Familienverbänden. Sie bilden somit auch einen bedeutenden Faktor im sozialen Zusammenhalt von Gruppen und werden durch *Eheverträge*, sog. *Ketubbot*, besiegelt. Auch wenn sich dazu in den atl. Gesetzessammlungen keinerlei Rechtsregelungen finden, können Eheverträge sowohl innerbiblisch als auch außerbiblisch belegt werden.[10] Offenkundig bestand aber auch ein Bedürfnis, Lebensbeziehungen zum gleichen Geschlecht mit Schwüren und Bundesschlüssen zu festigen, darauf lassen etwa der Schwur Ruts in Rut 1,16f. und der Bund zwischen David und Jonatan in 1 Sam 18,3 schließen. Eheverträge regelten vorrangig ökonomische Angelegenheiten während der Ehe und evtl. auch nach einer Scheidung (so z. B. in den Elefantinearchiven), sie konnten aber auch unterschiedlichste Dinge zusätzlich festschreiben. Ein sprechendes Beispiel ist hier der Ehevertrag für die Töchter Labans in Gen 31,50, in dem der Vater genau zum Zeitpunkt, als die Töchter sein Haus verlassen, von Jakob fordert, dass er keine seiner Frauen schlecht behandeln und keine weiteren Frauen mehr heiraten darf, wodurch Laban die soziale Position seiner Töchter auf Dauer gewährleistet.

Ehen werden im Normalfall *virilokal* gelebt. Das bedeutet, dass der Bräutigam in seiner Herkunftsfamilie wohnen bleibt, wohingegen die Braut ihr Elternhaus verlässt und sich als Einzelne in einen bestehenden Familienverband integrieren muss. Gleichsam als Ausgleichzahlung für den Verlust einer Arbeitskraft, die ja ab der Eheschließung der Sippe des Ehemannes zur Verfügung steht, wird an das patriarchale

---

[10] Zu den Rechtsgrundlagen siehe Raymond Westbrook, Property and the Family in Biblical Law, Sheffield 1991.

Oberhaupt der Familie der Frau ein Brautpreis bezahlt. Erzählende Texte setzen die Entrichtung solcher Entschädigungsgeschenke häufig voraus (vgl. z. B. Gen 12,16; 24,53; 31,15). Aus Rechtstexten geht allerdings fast gar nichts über den Brauch, der offenkundig selbstverständlich war (vgl. Ex 22,15f.; Dtn 22,29), hervor. Vermutlich bekam die Frau auch eine Mitgift in die Ehe mit (vgl. Gen 29,24.29). Diese stand in aufrechter Ehe wohl dem Mann zur Verwaltung zu, wurde jedoch nicht in das Familienvermögen der Sippe des Mannes integriert, weil sie der Frau im Fall von Scheidung oder Witwenschaft als Unterhaltssicherung zustand.

Ehen können *polygyn* geführt werden, d. h. dass ein Mann gleichzeitig mehrere Ehefrauen, aber auch Nebenfrauen haben kann, während eine Frau gleichzeitig immer nur mit einem einzigen Mann sexuelle Beziehungen eingehen darf. Mehrehen deuten jedoch nicht auf einen starken Geschlechtstrieb eines Mannes hin, sondern vielmehr auf seinen materiellen Reichtum, denn er muss jede seiner Frauen mit Nahrung und Kleidung, aber auch mit Beischlaf versorgen (vgl. Ex 21,10). Außerhalb von Herrscherhäusern, die Polygynie zur Pflege internationaler Beziehungen nutzten (vgl. z. B. Salomo 1 Kön 3,1; 11,1–3), ist es also keine Frage, wie viele Frauen man denn haben möchte, sondern wie viele man sich leisten – und auch wie viele man befriedigen – kann.

Erwartungen an eine Ehe und Scheidung

Singledasein ist in Alt-Israel keine gesellschaftlich vorgesehene Option. Verheiratet zu sein, bedeutete daher weniger eine Lebensentscheidung zugunsten einer ganz bestimmten Person getroffen zu haben, sondern ist vielmehr die *adäquate Lebensform des Erwachsenenalters*. Die Ehe begründet gesellschaftliches Ansehen und sozialen Stand sowie legitim vollzogene Sexualität. Ein erfülltes Geschlechtsleben hängt also nicht so sehr an Verliebtheit und Liebe, sondern vielmehr am regulär gelebten Lebensabschnitt. Die Erwartungen, die an eine Ehe gestellt werden, sind daher doch wesentlich andere als die heutzutage üblichen. Emotionale Bindung und Glück können sich einstellen, sind aber keine Voraussetzung – weder für die Schließung einer Ehe noch für deren Fortbestand und damit auch nicht für gelebte Sexualität. Eine gute Ehe ist in Alt-Israel vermutlich in der Regel die, über die es nichts zu sagen gibt.

Da *Scheidung* von beiden Seiten her initiiert werden kann, und eine Wiederverheiratung bei Witwenschaft (im Gegensatz zum frühen Christentum) keinerlei gesellschaftlichen Makel verursacht, kann eine Frau nur sukzessive mehrere Männer haben. Aus den dargelegten Verhältnissen wird deutlich, warum ausschließlich der Mann verpflichtet wird, einen Scheidungsbrief auszustellen (vgl. Dtn 24,1–3): Ein Mann bricht bei Sexualkontakten außerhalb der Ehe niemals die *eigene* Ehe, sondern begeht nur Ehebruch, wenn er mit einer fremden Ehefrau schläft. Eine verheiratete Frau jedoch bricht immer *nur* die eigene Ehe, da sie zu exklusiver sexueller Treue verpflichtet ist. Aus Urkunden des Archivs der jüdischen Gemeinde von Elefantine wissen wir, dass zumindest in der Zeit des Zweiten Tempels Frauen ebenso das Recht hatten, sich scheiden zu lassen. Die reiche Jüdin Miphtachia setzt sogar in ihren Eheverträgen vorab fest, was ihrem neuen Ehemann im Falle einer Scheidung aus ihrem Vermögen zusteht.[11]

Unbeschränkte sexuelle Verfügbarkeit versklavter Menschen

Sklaverei ist historisch gesehen eine Rechtsinstitution, die es vom AO über die Antike in westlichen Gesellschaften bis weit ins 19. Jh. herauf gab. Waren es in den Amerikas oder in den Kolonien Afrikas regelrechte Sklavenverhältnisse, so sind im Europa jener Epoche die Auswirkungen der Leibeigenschaft auf sexuellem Gebiet in Einzelfällen durchaus damit zu vergleichen. Aber auch im heutigen Nachkriegseuropa sind versklavende Verhältnisse im unsäglichen Frauen- und Kinderhandel leider immer noch anzutreffen.

Versklavte Menschen sind im AO für ihre Besitzer auch sexuell völlig frei verfügbar, da sie keine Personenrechte

---

[11]   Vgl. Bezalel Porten / Ada Yardeni (Hg.): Textbook of Aramaic Documents from Ancient Egypt, Bd. 2, Winona Lake 1989.

haben.[12] Geschlechtsakte mit Sklavinnen gelten daher auch nicht als Ehebruch, selbst wenn diese Frauen in stabilen Zweiergemeinschaften lebten, die auch Kinder – und damit neue Sklav*innen – hervorbrachten. Wie viele Ehefrauen ein Mann auch immer hatte, Sklavinnen hatten ihm sexuell immer zur Verfügung zu stehen. Dies ist im AO und in der Antike derart selbstverständlich, dass es diesbezüglich keiner eigenen Rechtsregelungen bedarf. Solche sind nur dann notwendig, wenn ein anderer freier Mann in die Besitzrechte des Sklavenhalters eingreift (vgl. Lev 19,20). Ob der freie Zugriff in den Kulturen, aus denen die Bibel stammt, auch für Sklaven uneingeschränkt galt, ist nicht mit Gewissheit zu sagen. Möglicherweise benutzen Lev 18,22 und 20,13 deswegen die völlig allgemeine Ausdrucksweise „einem Männlichen beiliegen", denn die Formulierung mit einem „Mann" zu schlafen könnte das Verbot auf freie Männer einschränken. Diese Bezeichnung würde damit das männliche Geschlecht insgesamt davor beschützen, „zu einer Frau degradiert" zu werden, wie dies in einigen ao. Rechtssammlungen vorausgesetzt wird.[13]

Ob verheiratete Frauen die Sexualität ihrer Versklavten ebenso nach Belieben ausbeuten konnten wie ihre Ehemänner, sei dahingestellt. Die Episode um die sexuelle Nötigung des hebräischen Sklaven Josef durch die Ehefrau seines Herrn Potifar (Gen 39,7–12) spricht dafür, die Argumentation Josefs jedoch eindeutig dagegen. Von Ehefrauen wurde wohl aus genealogischen Gründen erwartet, dass sie sexuell treu sind.

Für die Möglichkeit, dass Sklavenhalterinnen die sexuelle Potenz von Sklavinnen ausbeuten konnten, haben wir zwar anders als in ao. Rechtssammlungen in der Bibel keine Gesetze, wohl aber lassen Erzählungen darauf schließen, dass es derlei Praktiken als Gewohnheitsrecht auch in der Gesellschaft Alt-Israels gab.[14] So übergeben sowohl Sara (Gen 16,2) als auch Rahel (30,3–8) und Lea (30,9–13) ihre Sklavinnen ihren

---

[12] Zur Thematik siehe Irmtraud Fischer / Daniela Feichtinger (Hg.): Sexualität und Sklaverei, Münster 2018.

[13] Vgl. Otto Kaiser (Hg.): TUAT, Bd. 1, Lf. 1: Rechtsbücher, Gütersloh 1982, 83 sowie Erhard S. Gerstenberger, Homosexualität im Alten Testament, in: Kirchenleitung der EKHN (Hg.): Schwule, Lesben ... – Kirche, Frankfurt a. M. 1996, 124–158.

[14] Siehe Irmtraud Fischer, Die Erzeltern Israels, Berlin 1994.

Ehemännern, um für sie als Leihmütter Kinder zu gebären. Keine der Sklavinnen wird zuvor gefragt, ob sie damit einverstanden ist. Nur die priesterschriftliche Notiz in 16,3 setzt voraus, dass Hagar zuvor freigelassen wurde, wenn Sarai sie Abram „zur Frau" gibt.

2. Eheverbote, Inzest und tabuisierte sexuelle Verbindungen und Handlungen

Jede Gesellschaft stellt Kriterien für erwünschte und unerwünschte Sexualverbindungen auf. So ist, was in unseren heutigen westlichen Gesellschaften in Bezug auf das Heiratsalter von Mädchen als Kinderehe gelten würde, im AO ein Normalfall. Allerdings sind heute gleichgeschlechtliche Ehen in vielen Staaten möglich – eine Gegebenheit, die die längste Zeit der Geschichte als undenkbar galt und bis heute nicht in allen gesellschaftlichen Kreisen akzeptiert ist.

Verbot der Eheschließung mit fremdstämmigen Menschen

Die Gesellschaften, aus denen die biblischen Schriften hervorgehen, sind weitgehend in die Kulturen des AO eingebunden, aber es gibt einige Eheverbote, die für Israel (und vermutlich für die nachexilische Zeit) typisch sind. Dazu gehören *Eheverbote mit nicht zum Volk Israel gehörenden Menschen* aus den umgebenden Ländern. Der sogenannte Moabiterparagraph (Dtn 23,4–9) verbietet die Aufnahme von Menschen aus Moab und Ammon in die Gemeinde und damit auch Ehen mit ihnen. Bücher wie Rut (die Moabiterin wird sogar zweimal von Judäern geheiratet!) und die hellenistische Juditerzählung (der Ammoniter Achior wird in die Gemeinde aufgenommen) schreiben allerdings gegen dieses Verbot an. Die nachexilischen theologischen Strömungen verbieten auch Ehen mit Menschen kanaanäischer Herkunft. Beinahe alle dieser Verbote sind androzentrisch formuliert, indem sie Männern verbieten, eine Frau aus den Völkern zu nehmen oder die eigenen Töchter in fremde Ethnien zu verheiraten (z. B. Gen 34,9.16f.; Dtn 7,1–5; Neh 10,31; Esr 9,12).

Eine der krassesten Erzählungen zum Verbot von sexuellen Kontakten zu Ausländerinnen findet sich in Num 25,1–9. In Moab angekommen, schlafen offenkundig Männer aus dem Volk mit Moabiterinnen (V1), welche sie sodann auch zu Opferfeiern einladen. Als einer eine Midianiterin mit ins Lager bringt (V6) und mit ihr verkehrt, durchbohrt der Priester Pinchas das kopulierende Paar mit einem einzigen Speerstich (V8). Pinchas ist in den Büchern Esra und Nehemia die priesterliche Gallionsfigur im Kampf gegen sexuelle Verbindungen mit ausländischen Frauen, da der Priester Esra sich genealogisch auf ihn zurückführt (Esr 7,5). Er und Nehemia wollen Scheidungen sogar mit roher Gewalt erzwingen (vgl. Esr 9,1–4.12–15; 10,1–44; Neh 13,1–4.23–31).

Verbot des Beischlafs mit blutsverwandten und angeheirateten Personen und der Sodomie

Inzest wird im AT nicht nur als sexuelle Handlung zwischen Blutsverwandten definiert, sondern wesentlich weiter gefasst und ausgeweitet auf unerwünschtes Eindringen in sexuelle Beziehungen innerhalb der Familie.

Im Kontext der Flüche von Dtn 27,13–26, die auf dem Berg Ebal gesprochen werden sollen, werden einige zur Thematik von Sexualtabus formuliert (27,20–23): In V20 wird verflucht, wer mit der Frau seines Vaters schläft; offenkundig ist hier an eine zeitgleich oder sukzessiv gelebte polygyne Ehe gedacht, denn es wird damit nicht nur die blutsverwandte Mutter tabuisiert, sondern alle Ehefrauen des eigenen Vaters, die durchaus nicht das Alter der leiblichen Mutter haben müssen (vgl. Gen 35,22). Der zweite Fluch gilt dem Sexualverkehr mit Tieren. Die Bezeichnung *b*e*hema* kann zwar umfassend für die gesamte Tierwelt verwendet werden, gemeint sind aber wohl Haustiere, insbesondere Ziegen, Schafe, Rinder und Esel. Solche Verbote, die heutigen Städtern etwas abseitig anmuten, sind in Hirtenkulturen durchwegs vorhanden; das lässt darauf schließen, dass das üblicherweise Sodomie genannte Phänomen der *Zoophilie*, das in Lev 18,23 nicht nur für Männer, sondern auch für Frauen verboten wird, in agrarischen Gesellschaften nennenswert verbreitet war. Die für verbotene Sexualkontakte üblicherweise gebrauchte Formulierung *škb 'm-* lässt in diesem Kontext darauf schließen, dass hier keine spezifische Stellung beim Geschlechtsverkehr angesprochen ist, sondern jegliche sexuelle Praktik. V22f. kehren wieder zum Beischlaf mit Menschen zurück. Verboten wird der klassische Inzest zwischen Geschwistern, auch unter Halbgeschwistern, sowie der Koitus mit der Schwiegermutter, mit der zwar familiäre Bindung durch Heirat, nicht aber Blutsverwandtschaft besteht.

Das für Inzestverbote klassische Kapitel ist jedoch Lev 18,6–23. Sein Kontext innerhalb des Heiligkeitsgesetzes sieht die angesprochenen Sexualkontakte als unvereinbar mit der Reinheit und Heiligkeit der Gemeinde, die die Heiligkeit Gottes widerspiegeln soll. Die Verbote verwenden für die Bezeichnung des Geschlechtsakts vielfach die Formulierung *qrb lglh 'rwh*, „sich nähern, um die Nacktheit aufzudecken".

Gleichsam als resümierende Überschrift wird in 18,6 Sexualverkehr mit allen Menschen aus demselben Fleisch, also mit Blutsverwandten, verboten. Wenn die neue Einheitsübersetzung hier immer noch ausschließlich auf Frauen bezogen übersetzt, so engt sie den Sinn ohne Anhaltspunkt im Text ein: „Niemand von euch darf sich einer Blutsverwandten nähern, um ihre Scham zu entblößen". Wer Nacktheit mit Scham übersetzt, tendiert freilich zu einer Deutung auf die weibliche Scham. Hier formuliert Lev 18,6 allerdings geschlechtsneutral, wie die Elberfelder Bibel treffend übersetzt: „Niemand von euch soll sich irgendeinem seiner Blutsverwandten nähern, um die Blöße aufzudecken." Aber auch V7 (ähnlich formuliert ist V14) ist durchaus mehrdeutig, wenn der Vers mit dem Verbot beginnt, die Nacktheit des Vaters und die Nacktheit der Mutter aufzudecken; allerdings thematisiert der Vers die Begründung nur für die Mutter, nicht aber für den Vater. V8 argumentiert denn auch beim verbotenen Beischlaf mit den Frauen des Vaters damit, dass man mit der Nacktheit der Frau des Vaters dessen Nacktheit aufdecken, also gleichsam mit ihm sexuell verkehren würde. Das Delikt des Inzests wird in Lev 18 also nicht eingeschränkt auf den Beischlaf mit Blutsverwandten verstanden, sondern auf die Angeheirateten und deren lineare Anverwandte ausgedehnt. V9.11 verbieten geschlechtlichen Umgang mit Schwestern auch in einer Patchworkfamilie, in der nicht alle Geschwister dieselben Eltern haben müssen. In V10 greift das Verbot in die Enkelgeneration aus. V12–14 verbieten den geschlechtlichen Umgang mit Tanten, seien sie Schwestern von Vater oder Mutter oder die Ehefrauen von deren Brüdern. V15 tabuisiert die Schwiegertochter, V16 die Schwägerin, beides keine unmittelbaren Blutsverwandten. Dasselbe gilt für die in V17f. folgenden Verbote von Polygynie mit einer Mutter und deren weiblichen Nachkommen oder mit zwei Schwestern. In beiden Fällen besteht zwar Blutsverwandtschaft auf weiblicher Seite, aber nicht zum potenziellen Ehemann.

Auffällig ist allemal, dass weder die leibliche Tochter noch der leibliche Sohn und auch der eigene Vater nirgends ausdrücklich tabuisiert werden. Ob man aber daraus (auch mit Verweis auf Lot und seine Töchter in Gen 19,30–38) schließen soll, dass diese inzestuösen Verbindungen erlaubt gewesen seien,[15] ist stark zu bezweifeln. Ein Vater würde damit das reguläre Erwachsenenalter seiner Tochter zerstören, denn ohne Jungfräulichkeit ist für ein Mädchen kein normaler Brautpreis zu erwarten. Wenn sich der Sachverhalt erst im Vollzug der Ehe herausstellt, riskiert sie ihr Leben, und ihr Elternhaus wird beschämt (Dtn 22,14.20f.; Sir 7,24; 42,9f.). Lev 19,29 verbietet zudem einem Vater, seine Tochter zu prostituieren – das Verbot lässt freilich darauf schließen, dass es zu biblischen Zeiten bereits solche Verbrechen an der jungen Generation gab.

Sexualtabus in Bezug auf Reinheit und verbotene Vermischungen

Ab Lev 18,19 werden weitere Sexualtabus angeführt, die jedoch nicht mit der engeren Familienordnung zu tun haben,

---

[15]   Siehe Elke Seifert, Tochter und Vater im Alten Testament, Neukirchen-Vluyn 1997.

sondern sozial weiter gefasst bzw. als allgemeingültig deklariert werden, da sie zu Unreinheit im Volke führen und damit dessen Heiligkeit gefährden würden: Geschlechtsverkehr mit einer Menstruierenden (V19) wird hier ebenso tabuisiert wie Ehebruch (V20). Aber auch das Verbot des Molochkultes und die Entweihung des göttlichen Namens werden hier genannt, obwohl beide keine unmittelbare Verbindung zu sexuellen Handlungen aufweisen. Berücksichtigt man allerdings Am 2,7, so wird auch hier ein möglicher Konnex deutlich: „Ein Mann und sein Vater gehen zur selben jungen Frau, um meinen heiligen Namen zu entweihen".

Angeschlossen sind die Verbote von *homosexuellen* Akten zwischen Männern (V22) und das für Männer wie für Frauen geltende Verbot der Begattung von oder durch Tiere (V23), die allesamt als Gräueltaten qualifiziert werden. Eine mögliche Erklärung des gemeinsamen Nenners dieser Sammlung von V19–23 besteht im *Verbot von Geschlechtsverkehr, der nicht zu Nachkommenschaft führen kann*. Allerdings müssten hier dann auch *coitus interruptus*, der nach Gen 38,9f. eben deswegen verpönt wird, Masturbation und lesbische Akte genannt werden.

Zwei Kapitel weiter reiht Lev 20,10–22 fast allen diesen in Lev 18 genannten Sexualtabus Strafdrohungen zu.[16] Wie Erhard Gerstenberger eindrücklich gezeigt hat, ordnet die Formel *mot jumat* nicht den Vollzug der Todesstrafe an, sondern stellt vielmehr eine Strafdrohung dar, mit der der soziale Tod der Täter angezeigt wird:[17] Wer so etwas tut, stellt sich ins Abseits der Gemeinschaft und hat den Tod verdient. Dazu zählt Lev 20 Ehebruch (V10f.), sexuellen Umgang mit der Schwiegertochter (V12), Beischlaf mit einem Mann (V13), Heirat von Mutter und deren Tochter (V14), Sodomie bei Mann und Frau (V15f.), Inzest mit Schwestern (V17), Geschlechtsverkehr mit einer Menstruierenden (V18) sowie mit Tanten (V19f.).

Wenn am Ende dieser Strafdrohungen für sexuell unerwünschtes Verhalten in V21 die Eheschließung mit der Frau

---

[16] Siehe die Tabellen bei Thomas Hieke, Levitikus 16–27, Freiburg 2014, 776.

[17] Siehe Erhard S. Gerstenberger, „Apodiktisches" Recht – „Todes" Recht?, in: Peter Mommer u. a. (Hg.): Gottes Recht als Lebensraum, Neukirchen-Vluyn 1993, 7–20.

des Bruders genannt wird, stellt sich die Frage, ob der Text die Heirat nach einer Scheidung im Blick hat oder ob diese Regelung explizit gegen die in Dtn 25,5–10 festgelegte *Leviratsehe* steht, die es sonst in keiner anderen Gesetzessammlung gibt. Sie sieht vor, dass bei ungeteiltem Erbe nach vorzeitigem Tod des Erstgeborenen der älteste Bruder mit der Witwe einen Sohn zeugen muss, um dessen Rechtstitel auf das Erbland (*naḥ*ᵃ*la*) zu erhalten. Erst wenn sich der Bruder weigert, kann die Witwe ihn beschämen und ist frei, außerhalb der Familie einen neuen Partner zu wählen. Die Erzählungen um Tamar (Gen 38) und Rut thematisieren die Problematik allerdings jeweils als Witwenversorgung, die als Begünstigten des Rechts die lebende Frau und nicht deren toten Mann sieht. Offenbar schätzt das Heiligkeitsgesetz diese Regelung aber als inzestuös ein.

Das Phänomen, dass unterschiedliche Rechtssammlungen unterschiedliche Regelungen treffen oder gewisse Verhaltensweisen offenkundig nicht als regelbedürftig ansehen, betrifft aber nicht nur das Levirat, sondern auch homosexuelle Akte, die ausschließlich im Heiligkeitsgesetz verboten werden. Weder die deuteronomischen Rechtssammlungen noch das Bundesbuch kennen entsprechende Vorschriften gegen gleichgeschlechtliche Verbindungen,[18] wohingegen Sodomie sowohl in Ex 22,18 als todeswürdig als auch in Dtn 27,21 als fluchwürdig gebrandmarkt wird. Dennoch hat das Verbot, sich „zu einem Männlichen zu legen im Beilager der Frauen" wie kaum ein anderes biblisches Sexualverbot bis in unsere heutige Zeit Auswirkungen und wird bis heute fundamentalistisch als *die* Stellungnahme der Heiligen Schrift zu Homosexualität gehandelt. Auf die Hebräische Bibel kann sich diese als geschlossen behauptete Tradition jedenfalls nicht stützen. Und schon gar nicht können Erzählungen wie Gen 19 oder Ri 19, in denen jeweils der Mob des Ortes einen Gast eines Ortsfremden vergewaltigen will, als Texte, die die schrecklichen Auswüchse von Homosexualität thematisieren würden, gelesen werden. Sie sind vielmehr Ausdruck von hochgradig sexualisierter Gewalt, die zur Festlegung von Hierarchie mit

---

[18]   Siehe Thomas Römer, Homosexualität und die Bibel, in: JBTh 33 (2018), 47–64.

Mitteln des Terrors eingesetzt wird, und sind darin Gewalt-
akten in Männergefängnissen zu vergleichen, wo ausgerechnet die Vergewaltiger sich niemals als homosexuell definieren
würden, sondern vielmehr das abschätzig gebrauchte Attribut
den Vergewaltigten anhängen.

Alle hier besprochenen Verbote und Tabuisierungen sexueller Kontakte sind aus rein androzentrischer Sicht formuliert.
Es geht immer darum, was ein israelitischer Vollbürger nicht
tun darf. Nur beim Verbot des Geschlechtsverkehrs mit Tieren
gerät auch die Frau in den Blick. Lesbische Beziehungen sind
in keiner einzigen Rechtssammlung auf dem Radarschirm.
Das mag daran liegen, dass man bis zur Entdeckung der weiblichen Eizelle im 19. Jh. meinte, der männliche Same sei allein
fruchtbar, die Gebärmutter der Frau nur der Brutkasten für
ihn. Diese Vorstellung wird allerdings im AT durch die Tatsache relativiert, dass man sehr wohl auch die Unfruchtbarkeit
von Männern kannte (vgl. z. B. Gen 20,17; Dtn 7,14). Vermutlich
ist die mangelnde Wahrnehmung gleichgeschlechtlicher Akte
von Frauen der androzentrischen Sichtweise des kodifizierten
Rechts zu verdanken. Wer heute gegen Liebe zwischen zwei
Frauen plädieren will, hat jedenfalls sicher nicht die Bibel auf
seiner Seite, da sie sich darüber völlig ausschweigt.

Eines der wenigen Verbote auf dem Gebiet der Geschlechtlichkeit, das die Initiative sowohl von Frauen als auch Männern im Blick hat, ist in Dtn 22,5 auf die Überschreitung der
strikt gedachten Zweigeschlechtlichkeit gerichtet. Es unter-
sagt die Verschleierung der zugesprochenen Geschlechtsiden-
tität:

> Nicht sei die Ausstattung eines Herrn auf einer Frau.
> Und nicht kleide sich ein Herr in das Gewand einer Frau.
> Denn ein Gräuel für JHWH, deine Gottheit, sind alle, die dies
> tun.

Der Text belegt allerdings, dass *Transvestit*innentum* und damit wohl auch queere Lebensweise in Alt-Israel bekannt gewesen sein muss. In einer Gesellschaft, in der heterosexuelle
Zweigeschlechtlichkeit als Norm definiert wird, und daher
aufgrund des äußeren Erscheinungsbildes, durch die Kleidung
und die gesamte Ausstattung eindeutig auf das Geschlecht ei-

nes Menschen geschlossen werden kann, werden Geschlechtergrenzen, die auch hierarchische Abstufung visualisieren, durch ein Überschreitungsverbot geschützt (vgl. auch Weish 14,26). Diese Rechtsregelung, die sich im AT ebenfalls nur in einer einzigen Rechtssammlung, im dtn Gemeindegesetz, findet, steht allerdings nicht im Kontext von Sexualtabus, sondern von heute tierethisch genannten Vorschriften (Dtn 22,4–7), die ein Weiterleben der Spezies gewährleisten. Der Zusammenhang lässt damit hier auf den Konnex von Sexualität und Fruchtbarkeit schließen. Angeschlossen werden in V9–11 zudem die Untersagungen von Vermischungen (vgl. auch Lev 19,19), zu denen offenkundig auch die visuelle Wahrung der Geschlechtergrenzen gehört.

In den Sinnzusammenhang von fruchtbarer Geschlechtlichkeit gehören wohl auch jene Texte, die die Position von Männern mit beschädigten oder uneindeutigen Genitalien thematisieren. Dtn 23,2 verbietet deren Aufnahme als vollwertige Mitglieder in die Gemeinde, wohingegen Jes 56,3–5 für sie und für Proselyt*innen keinerlei Benachteiligung vorsieht, wenn sie toratreu leben. Wenn die deutschen Übersetzungen die Bezeichnungen meist mit Hinweisen auf Genitalverstümmelung wiedergeben, ist vermutlich Vorsicht angebracht. Wahrscheinlich sind damit auch alle Menschen mit nicht eindeutigen Geschlechtsmerkmalen gemeint, die, wenn sie in Gesellschaften mit starrem binärem Geschlechterkonzept dem männlichen Geschlecht zugereiht werden, nicht zeugungsfähig sind. Ob auch hier, wie bei vielen anderen Sexualtabus, die weibliche Seite völlig ausgeblendet wird, sei dahingestellt, da im Judentum Menschen mit uneindeutigen Genitalien dem männlichen Geschlecht zugereiht werden,[19] in westlichen Kulturen jedoch als „defizitär" galten und meist als weiblich deklariert wurden.

---

[19] Olga Ruiz-Morell, Sexualität in der Literatur des klassischen Judentums, in: JBTh 33 (2018), 157–174.

3. Sexuelle und sexualisierte Gewalt im Rechtskontext

Alle soeben beschriebenen sexuellen Verbindungen werden geächtet, auch wenn sie freiwillig in beiderseitigem Einverständnis zustande kommen. Die atl. Rechtssammlungen kennen aber eine Vielzahl strafbarer Gewalttaten auf sexuellem Gebiet, wenngleich nicht jede sexuelle Handlung, die erzwungen wird, unter die Delikte gezählt wird. Gleich wie in unseren westeuropäischen Rechtssammlungen bis zum Ende des vorigen Jahrhunderts wird z. B. nirgends Vergewaltigung in der Ehe thematisiert.

Sexuelle Nötigung

Die Devise „Nein heißt Nein", die heute unsere westliche Rechtskultur und die Sexualerziehung beider Geschlechter bestimmt, ist eine relativ neue Errungenschaft sexueller Selbstbestimmung. Noch bis weit ins 20. Jh. hinein wurde weiblicher Widerstand von Männern als Anreiz, diesen zu brechen, gesehen, aber auch von manchen Frauen als Hinweis auf ihre ehrenwerte Keuschheit vorgeschützt.

Für den AO haben wir freilich eher die im Christentum die längste Zeit gängige Vorstellung vorauszusetzen, dass mit der Eheschließung freier Zugang zur Sexualität gewährt und damit ein Recht auf Beischlaf konstituiert wird. Allein die Rede von der „ehelichen Pflicht" verweist auf dieses Verständnis, mit dem sich realistischerweise bis heute die Mehrheit der Frauen weltweit zu arrangieren hat. Demnach kann es keine Vergewaltigung oder sexuelle Nötigung in der Ehe geben. Im Gegenteil, die Verweigerung der „ehelichen Pflicht" gilt als Verstoß gegen den Ehezweck und damit als Scheidungsgrund.

Dementsprechend finden sich im AT auch keine Rechtstexte, die sexuelle Nötigung in der Ehe thematisieren; wohl aber gibt es erstaunlich deutliche Positionierungen in Erzählungen, die sexuelle Nötigung in Machtverhältnissen oder Erpressungsversuche beschreiben. Ein klassisches Beispiel dafür ist die griechisch verfasste Susanna-Erzählung in Dan 13, die in mehreren Varianten überliefert ist. Susanna wird zum Beischlaf mit den Ältesten unter der Drohung genötigt, dass man sie im Fall der Ablehnung des Ehebruchs bezichtigen werde. Wo Frauen sich nicht explizit dagegen wehren wie Susanna, verweigert ihnen der biblische Text die direkte Rede. Die erzählerische Technik des Zum-Schweigen-Bringens der genötigten Ehefrau findet sich daher bei allen drei Preisgabe-Erzählungen in der Genesis, wo jeweils der Patriarch seine eigene Ehefrau unter Vortäuschung einer Geschwisterbeziehung für sexuelle Kontakte mit dem fremden Herrscher verfügbar macht (Gen 12,12–16; 20,2–5; 26,7–11). Ebenso stumm bleibt Batseba, als David nach ihr schicken lässt, obwohl er weiß, dass sie verheiratet ist, und die Hofbeamten sie ins Königsgemach bringen. Auf alle diese Texte wird noch näher einzugehen sein.

Sexuelle Denunziation

Ein Sachverhalt von sexueller Denunziation wird in einer ausführlichen Rechtssatzung geregelt: die Beschuldigung einer frischvermählten jungen Frau wegen vorehelichen Geschlechtsverkehrs in Dtn 22,13–21. Die Regelung ist als Kasusrecht formuliert und geht von der unwahren Behauptung eines Ehemannes aus, der seine Frau, mit der er die Ehe vollzogen hat (V13), die er jedoch (sexuell?) nicht mag, wieder loswerden möchte. Wenn er sie öffentlich zu Unrecht beschuldigt, bei der Eheschließung nicht mehr jungfräulich gewesen zu sein, dann sollen die Eltern der Frau das im Brautbett befleckte Stück Stoff als Gegenbeweis vor die Versammlung der Ältesten tragen. Der Mann wird dann aufgrund der erwiesenen Tatsache, dass er eine israelitische Frau in Verruf gebracht hat, körperlich gezüchtigt, muss ihren Eltern eine empfindliche Geldstrafe leisten und geht des Scheidungsrechts verlustig – womit er gerade das, was er mit seiner Denunziation bewirken wollte, lebenslänglich nicht erreichen kann.

Aus diesem Rechtsfall erfährt man nebenbei von einem Brauch, der sonst nie in einem atl. Text vorkommt, nämlich vom sogenannten Beweis der Jungfrauschaft, der bis heute vor allem in islamischen Kulturen noch üblich ist und Gynäkolog*innen heute gute Geschäfte beschert: Eine Frau hat nach diesen kulturell verankerten Vorstellungen beim ersten Geschlechtsverkehr zu bluten, und das dadurch befleckte Betttuch oder Kleidungsstück wird von den Eltern als Beweis aufbewahrt. Der Brauch lässt darauf schließen, dass Beschuldigungen wegen mangelnder Jungfräulichkeit öfter vorkamen und eine derartige Beweissicherung daher gegen Denunziation von Nutzen war.

Der zweite, wesentlich kürzere Kasus in V20f. geht davon aus, dass der Vorwurf zutrifft und man daher keine Beweise vorbringen kann. Diese Frau riskiert wie eine Ehebrecherin ihr Leben; es handelt sich um ein todeswürdiges Vergehen, auf dem die Todesdrohung mit Steinigung steht, und eine Schandtat in Israel, n^ebala b^ejisra'el, ist. Die Frau wird dazu nicht befragt. Ihre Schuld wird vorausgesetzt. Dass sie eventuell als Kind missbraucht wurde oder vielleicht vor der Eheschließung mit ihrem Verlobten geschlafen hat, steht mit keinem Wort zur Debatte. Der Mangel an (rein medizinisch äußerst zweifelhaften) Beweisen gibt dem anklagenden Ehemann Recht, es wird nicht einmal nach seiner Motivation gefragt. Eine reguläre Ehe zwischen jungen Leuten mit Brautpreis setzt offenkundig Jungfräulichkeit voraus.

Vergewaltigung

Patriarchale Kulturen haben einerseits Interesse daran, dass die eigenen Frauen vor Übergriffen anderer Männer geschützt werden, andererseits installieren sie massive Schutzmechanismen, um die in sexuellen Belangen für Männer viel größere Freiheit und männliche Dominanz zu bewahren. In vielen Kulturen der Erde gilt bis heute noch: Eine Frau, die eine Vergewaltigung überlebt hat, hat in den Geschlechtsverkehr eingewilligt und wird teils sogar des Ehebruchs beschuldigt. Auch in unseren westlichen Rechtssystemen war bis vor kurzem noch die Beweislast beim Opfer. Die für Traumatisierte so typische Fragmentierung der Erinnerung, die immer nur Details freigibt, weil die erlebte Gewalttat zu sehr mit Kontrollverlust und Panik verbunden war, wurde den Opfern die längste Zeit als Beweis ihrer Unglaubwürdigkeit ausgelegt. *Blaming the victim*, dem Opfer die Schuld geben, war damit auch in der abendländischen Geschichte der bevorzugte Mechanismus der Aufarbeitung.

Die biblischen Regelungen in Bezug auf sexuelle und sexualisierte Gewalt geben, wie nicht anders zu erwarten, die Einstellungen ihrer Zeit wieder. Vergewaltigung wird daher weniger als Verbrechen gegen Leib und Leben der Frauen gesehen, sondern als Besitzschädigung des Vaters bzw. des Verlobten oder Ehemanns der Frau. Zudem zeigt sich das Phänomen, dass in unterschiedlichen Rechtssammlungen unterschiedliche Rechtsfolgen gezogen werden.

Die älteste Regelung findet sich im Bundesbuch in Ex 22,15f. Als Rechtsfall wird ein Mann vorgestellt, der ein noch nicht verlobtes, heiratsfähiges Mädchen verführt. Er wird zur Zahlung des Brautpreises verpflichtet und muss das Mädchen heiraten. Sieht man den positiven Aspekt dieses Gesetzes, so stellt dies für junge Leute eine Möglichkeit dar, eine Liebesheirat gegen eine arrangierte Ehe durchzusetzen. Aber dieser Aspekt gilt nur für den Fall, dass die Frau nicht vergewaltigt wurde. Dann wird hier dem Vater die Möglichkeit gegeben, dem Gewalttäter die Tochter zu verweigern, aber dennoch den vollen Brautpreis für sie zu bekommen. Was mit solchen Frauen geschieht, wird nicht ausgeführt. Konnten sie nach Abwarten der Monatsfrist einen anderen Mann heiraten, der dann kein Brautgeld bezahlen musste? Lebten sie – ähnlich wie Tamar in 2 Sam 13,20 – lebenslänglich unverheiratet im Elternhaus weiter? Das Desinteresse an solchen Fragen zeigt, dass das Recht den Vater und seinen Anspruch auf den vollen Brautpreis schützt, nicht die Tochter vor (weiterem) Schaden.

Im dtn Gemeindegesetz (Dtn 22,28f.) findet sich ein ähnlicher Kasus, allerdings mit anderer Lösung. V28 rechnet aufgrund der Formulierungen wohl nicht mit einer Verführung, sondern vielmehr mit einer Vergewaltigung: Wenn es heißt, dass ein Mann ein unverlobtes Mädchen „findet" (mṣ') und sie „ergreift" (tps), so lässt dies kaum auf einvernehmlichen Geschlechtsverkehr schließen. Er wird daher zu einem Brautpreis von fünfzig Silberschekel verpflichtet, muss die Frau heiraten und darf sich nie von ihr scheiden lassen. Das Scheidungsverbot, das es auch bei sexueller Denunziation einer Braut gibt (22,19), lässt eindeutig darauf schließen, dass der Mann als schuldig erachtet wird. Das Gesetz gewährt allerdings dem Vater keinerlei Einspruchsmöglichkeit. Während in der entsprechenden Regelung des Bundesbuches die Tochter zumindest eine Möglichkeit hatte, den Vater zu überreden, nicht lebenslang mit einem Gewalttäter leben zu müssen, wird dies hier ausgeschlossen. Das Scheidungsverbot schützt die Frau zwar vor mangelnder Versorgung, macht sich aber keine Gedanken darüber, was es bedeutet, seinem Vergewaltiger ein Leben lang ausgeliefert zu sein. Wenn man das sehr frühe Heiratsalter bald nach der Geschlechtsreife bedenkt, betrifft dieses Gesetz nach heutigen Maßstäben auch den Kindesmissbrauch; über das Kindeswohl wird allerdings kein Wort verloren.

Unmittelbar vor diesem Gesetz werden die Fälle des Beischlafs mit einer fremden verheirateten Frau und einem heiratsfähigen, bereits verlobten Mädchen abgehandelt. Beide Geschehnisse sind vom sexuell aktiven Mann aus formuliert, der jeweils gefunden wird (*mṣ'* V22), wie er sich mit einer Frau hinlegt (*škb*). Die Formulierung (im Nifal) sagt nichts über die Art des Zusammentreffens aus, ob eine gezielte Verabredung für eine erotische Begegnung anzunehmen ist, oder ob es sich um ein zufälliges Aufeinandertreffen mit einem Vergewaltiger handelt. Auf qualifizierten und entdeckten Ehebruch steht die Todesdrohung, das gilt bereits für die zur Ehe Versprochene. Wenn aber die Frau noch nicht verlobt ist, wird nach dem Ort des Geschehens unterschieden. In der Stadt sind beide wie Ehebrecher zu behandeln, denn eine sich wehrende Frau hätte um Hilfe schreien müssen, und jemand hätte sie gehört und gerettet. Nun sind die beengten Wohnverhältnisse und engen Gassen in altisraelitischen Städten bis heute archäologisch nachzuvollziehen; wie weit gefehlt eine solche Einschätzung des sicheren Zu-Hilfe-Eilens aber ist, zeigen anschaulich zwei Erzählungen im Hause Davids (2 Sam 11.13): Niemand wagt in die Gemächer von König und Kronprinz einzudringen; einer Frau hilft in diesen Machtverhältnissen der lautstarke Widerstand gar nichts.

Geschieht der Geschlechtsverkehr aber auf freiem Feld, dann wird automatisch angenommen, dass der Frau Gewalt angetan wurde, was allerdings auch nicht immer stimmen muss. Dass Frauen auf den Feldern zumindest mit sexueller Belästigung rechnen mussten, darauf lässt auch das Schutzgebot des Getreidebauern Boas für Rut in Rut 2,9 schließen. Der Hilfeschrei, der möglicherweise in freier Natur nicht gehört wird, befreit die Frau nicht nur vom Verdacht des Ehebruchs, sondern das an ihr begangene Verbrechen wird sogar wie eine Tötung auf freiem Feld qualifiziert. Bezüglich der Verbindlichkeit von Eheversprechen, die wohl mit Vertragsverhandlungen der Familien verbunden waren, lässt sich aus diesem Rechtsfall schließen, dass eine Verlobte dadurch bereits unter der Treueverpflichtung einer Ehefrau stand.

All diese Fälle gehen von einem Übergriff durch Fremde aus. Die biblischen Texte sind aber realistisch genug, um wahrzunehmen, dass auch die Familie keine Sicherheit vor sexueller Gewalt bietet. Nun wären zwar durch Inzestgesetze alle Mitglieder der Familie vor sexuellen Avancen oder Gewalttaten geschützt, aber einerseits sind gerade diese Texte spät entstanden und andererseits sind Verbote ja ein indirekter Hinweis auf mögliche oder praktizierte Verbrechen. In den seltensten Fällen stellen Texte den Widerstand derart ausführlich dar wie bei Tamar, die sich gegen ihren Bruder Amnon wehrt (2 Sam 13,12–19). Aber sind nicht Notizen wie jene aus Gen 35,22, in der berichtet wird, dass Ruben mit Bilha, der Nebenfrau seines Vaters, schläft, ebenso mit dem Verdacht zu lesen, dass er sie vergewaltigt hat? Das Schweigen der Frauen ist in Erzählungen um sexuelle Übergriffe diesbezüglich immer suspekt. So kommen die Töchter Lots, die in Gefahr stehen, von ihrem Vater der Gruppenvergewaltigung ausgesetzt zu werden, nie zu Wort (Gen 19,7f.), noch viel weniger die Frau, der eine solche in Gibea widerfahren und die dabei (fast?) gestorben ist (Ri 19,22–26). Beide Erzählungen informieren Bibelleser*innen nebenbei, dass es auch Vergewaltigung von Männern gibt und diese als Mittel des Terrors und der Hierarchiebildung unter Männern eingesetzt werden kann.

Auch den Frauen, die nach 1 Sam 2,22 an ihrem Arbeitsplatz am Eingang zum Offenbarungszelt vergewaltigt werden,[20] wird kein Wort zugestanden, wenngleich hier, anders als in Ri 19, eine eindeutige Bewertung durch die Gottheit Israels erfolgt. Denn diese Gewalttat mitten im Heiligtum von Schilo bringt das Fass des flächendeckenden Fehlverhaltens der Söhne Elis zum Überlaufen und leitet den Untergang dieses Priestergeschlechts ein (vgl. 1 Sam 4).

Vergewaltigung im Krieg

Bis heute ist es weltweit trauriges Faktum, dass in überwiegend von Männern geführten und ausgeführten Kriegen Frauen als Beute gesehen werden. Das wurde hierzulande erstmals im Zuge der bei vielen Menschen in Europa nicht im historischen Gedächtnis verankerten Kriege der jugoslawischen Nachfolgestaaten bewusst (es gibt ja sogar Leute, die behaupten, Europa hätte eine so lange Friedenszeit wie von 1945 bis heute nie erlebt!).

Vergewaltigung hat zwar auch in zivilen Zeiten wenig mit sexuellem Begehren, dafür aber sehr viel mit Dominanzgelüsten zu tun, als kollektives Phänomen ist Vergewaltigung im Krieg aber auch insofern ein separates Phänomen, als es in den wenigsten historischen Kulturen geächtet und strafrechtlich geahndet wurde. In patriarchalen Gesellschaften kommen Verbrechen an Frauen, Kindern und Alten einer Kriegstechnik gleich, mit der den besiegten Kriegern vor Augen geführt wird, dass sie nicht in der Lage waren, ihre Familien zu schützen. Da in Kulturen mit starker patrilinearer Tradition Männer auf die Sexualität ihrer Frauen einen Ausschließlichkeitsanspruch stellen, werden Frauen durch Vergewaltigung zudem für die eigene genealogische Linie „unbrauchbar gemacht".

Diesen Umständen entsprechend gibt es keinen biblischen Rechtstext, der Vergewaltigungen im Krieg ächten würde. Selbst das humane Kriegsrecht in Dtn 20,5–8, das es Männern, die frisch verheiratet, kürzlich in ein neues Haus gezogen sind

---

[20] Irmtraud Fischer, Wenn Mann und Frau denselben Dienstort haben, in: Thomas Hieke / Konrad Huber (Hg.): Bibel falsch verstanden, Stuttgart 2020, 125–131.

oder einen Weinberg angelegt haben, erlaubt, nicht einrücken zu müssen, formuliert dies deswegen, weil man damit rechnet, dass Frauen vergewaltigt, Häuser konfisziert und Weinberge, wenn nicht zerstört, so doch mit Gewalt angeeignet werden. 20,14 erlaubt explizit, Frauen als Beute zu nehmen, wenngleich dies offenkundig nur bei jenen Städten gilt, die sehr weit entfernt sind (V15). Kriegsgefangene, die man aus der Beute aussondert, um sie zu heiraten, müssen freilich vor „Beschädigung" durch andere Krieger bewahrt werden. Auch der potenzielle Bräutigam vergewaltigt sie nicht (21,10–14), sondern lässt sie ihre Eltern beweinen und wartet eine Monatsblutung ab, um sicher zu sein, dass die Frau nicht von einem anderen schwanger ist. Allerdings wird im Falle des Scheiterns der Ehe die Freiheit der Frau verfügt (V14), was darauf schließen lässt, dass man sich der erzwungenen Handlung bewusst war. Ähnlich wie Sklavinnen, mit denen man geschlechtliche Gemeinschaft pflegt (Ex 21,8), werden solche Kriegsgefangene davor bewahrt, auf dem Sklavenmarkt zu landen.

Erzählende Texte oder prophetische Drohungen sind in Bezug auf das Ergehen im Krieg allerdings viel gesprächiger. Am 7,17 droht dem Priester von Betel an, dass nach dem Untergang des Nordreichs seine Frau zur Prostituierten in der Stadt werden wird. Ganz sicher gehen angesehene Ehefrauen diesem Gewerbe nicht freiwillig nach, aber nach einer Kriegsvergewaltigung ist Prostitution oft der einzige Weg, um zu überleben. Wie normal Gewalt gegen besiegte Frauen durch Krieger empfunden wurde, darauf lässt auch die Szene um die am Fenster auf die Rückkehr ihres Sohnes wartende Mutter Siseras in Ri 5,28–30 schließen: Nach siegreicher Schlacht wird geplündert und vergewaltigt. Im Munde der „Weisesten ihrer Fürstinnen" werden Frauen sogar auf das Sexualorgan der Gebärmutter reduziert, sodass man übersetzen müsste: „Frauenschöße über Frauenschöße für jeden Mann".

Aber selbst im eigenen Königreich wird Vergewaltigung als Kriegsstrategie gegen die eigenen Frauen eingesetzt: Abschalom schläft öffentlich mit den im Königspalast zurückgelassenen Nebenfrauen seines aus Jerusalem geflohenen Vaters David (2 Sam 16,21f.). Diese Aktion ist wohl nichts anderes als eine kollektive Vergewaltigung als Mittel der Kriegsführung, die dem Volk klarmachen soll, dass der Bruch zwischen Vater und Sohn unheilbar und die Thronrevolte ernst gemeint ist.

Wie sehr sich diese entsetzlichen Kriegserfahrungen ins kollektive Gedächtnis eingebrannt haben, lässt sich im späten Juditbuch (Jdt 4,12; 7,27; 9,2) und vor allem in den prophetischen Völkersprüchen sehen, die das, was Israel erlitten hat, als Vergeltung für die gewalttätigen Völker von seinem Gott erhoffen – aber darauf wird in Kap. 10 noch näher eingegangen werden.

III. Anthropologische Konzepte: Sexualität als conditio humana in den Schöpfungserzählungen

Lassen rechtliche Regelungen und Erzählungen auf Sitte und Brauch schließen, so die Schöpfungserzählungen auf anthropologische Konzeptionen vom Menschsein. Die Schöpfungserzählungen der Bibel sehen die Geschlechtlichkeit als so zentral an, dass sie die sexuelle Differenz als einzige Verschiedenheit unter Menschen sehen, die jedoch nach dem göttlichen Plan keine soziale Abstufung intendiert. Erst in der gebrochenen Schöpfungsordnung lebt der Mensch die Geschlechterdifferenz hierarchisch.

1. Egalitär gelebte Geschlechtlichkeit als göttliche Schöpfungsordnung (Gen 1–2)

Was die Bibel als Grundgegebenheiten des Menschseins erachtet, hält sie in den Schöpfungserzählungen der Genesis fest. Obwohl die beiden Texte, die nur durch die Stilfigur des Chiasmus in 2,4 literarisch verbunden sind, in sehr verschiedener Weise von der Erschaffung des Himmels und der Erde erzählen, haben sie zentrale Aspekte gemeinsam:

— Der gesamte Kosmos ist die Schöpfung der einen Gottheit.
— Alles Existente ist daher göttliche Kreatur in einem sinnvoll gestalteten Ambiente und damit seinen Ordnungsvorstellungen unterworfen.
— Die Menschen werden als geschlechtliche Wesen und als dominanter Teil dieser Welt erschaffen.
— Sie bestimmen zwar über die anderen Lebewesen, ernähren sich jedoch vegetarisch.
— Wie alles Lebendige ist auch die Spezies Mensch dem Werden und Vergehen unterworfen.

Geschlechtlichkeit als schöpfungsgemäße Differenz zielt auf den Erhalt der Spezies

Der priesterschriftliche Schöpfungstext von Gen 1,1–2,4a bettet die Menschenschöpfung in den 6. Tag ein und lässt Gott[21] die lebendigen Wesen zu Land somit an einem einzigen Tag erschaffen. Die Kreation des Menschen wird in der formelhaften Anlage dieses Textes insofern hervorgehoben, als die kreative Gottheit sich selber im Plural auffordert, Menschen zu erschaffen, wobei die Ausführung jedoch wiederum wie im ganzen übrigen Kapitel im Singular erzählt wird:

> 26 Dann sprach (die) Gottheit: *Lasst uns Menschen machen als unser Abbild, uns ähnlich,*
> damit sie herrschen über die Fische des Meeres, über die Vögel des Himmels,
> über das Vieh, über die ganze Erde und über alle Tiere, die auf dem Land umherstreichen.
> 27 (Die) *Gottheit schuf also den Menschen als ihr Abbild.*
> *Als Abbild der Gottheit schuf sie ihn.*
> Männlich und weiblich schuf sie sie.
> 28 (Die) Gottheit segnete sie und (die) Gottheit sprach zu ihnen:
> Seid fruchtbar, vermehrt euch, füllt die Erde, unterwerft sie und herrscht über die Fische des Meeres, über die Vögel des Himmels
> und über alle Tiere, die auf dem Land umherstreichen.

Über diese auffällige und im gesamten Kapitel einmalige Pluralformulierung in Bezug auf die Gottheit wurde viel diskutiert. Eine adäquate Deutung muss deren Kontext berücksichtigen, der eindeutig in der Abbildhaftigkeit von Gottheit und Menschheit besteht. Da jedoch die Ausführungsnotiz nicht mehr im Plural formuliert ist, kann dieser sich nicht auf eine etwaige imaginierte Versammlung von Gottheiten beziehen, sondern muss mit dem sodann geschaffenen Bild Gottes zusammenhängen (vgl. auch 3,22). Eine mögliche Erklärung

---

[21] Gen 1 verwendet als Gottesbezeichnung die Pluralform *Elohim*, die sie jedoch meist mit dem grammatikalisch männlichen Singular verbindet. Ich spreche daher von Gott, übersetze aber konsequent „Gottheit", um anzugeben, dass im Text nicht der Singular *El* steht.

besteht damit darin, dass der Mensch (anders als in Gen 2,7) nicht als Einzelner erschaffen wird, sondern die geschlechtlich differenzierte Spezies, die damit zwingend eine Mehrzahl angeben muss. Jedenfalls bewirkt der Plural, dass die ganze Spannbreite vom Männlichen bis zum Weiblichen im Symbolischen verankert wird.

Die Differenzierungen innerhalb des Menschengeschlechts erfolgen nach diesem Schöpfungstext jedoch nicht durch die das soziale Miteinander strukturierenden Intersektionalitätskriterien, sondern nur durch das Geschlecht. Der Text benutzt dabei jene Bezeichnungen des geschlechtlichen Unterschiedes, die sich auch bei Tieren finden und auf Vermehrung ausgerichtet sind (*zkr* und *nqbh*; vgl. dazu Gen 6,19; 7,3.9.16). Die Erschaffung der Geschlechterdifferenz erweist sich sodann durch die Fortsetzung des Textes im Mehrungsauftrag von 1,28 als zwingend notwendig.

Mit dem Männlichen und dem Weiblichen, die die Funktion der Fruchtbarkeit gewährleisten, werden – wie im gesamten priesterschriftlichen Schöpfungstext – die äußersten Pole angegeben. Gott schafft Licht und Finsternis, das Meer und das Trockene usw. Obwohl das Konzept von Gen 1 auch auf „Scheidung" polar dargestellter Schöpfungswerke beruht, heißt das freilich nicht, dass Gott nicht auch die Dämmerung, den Strand oder das Watt erschaffen habe. Der Text benutzt zur Angabe des Ganzen durchgehend die Stilfigur des Merismus. Damit kann man den Text nicht so deuten, dass ausschließlich Männliches und Weibliches und ausschließlich heterosexuelle Orientierung erschaffen worden wären und damit nur diese geschlechtlichen Seinsweisen natur- und gottgegeben seien. Diese Stilfigur verweist vielmehr darauf, dass alle Facetten des Geschlechtlichen im Schöpfungsdesign enthalten, aber eben ausschließlich die beiden äußersten Pole fruchtbar sind.

Der erste Teil des Segens der Gottheit in V28 verwirklicht sich damit nur in den oppositionellen Erscheinungen, der zweite setzt diese Einschränkung nicht voraus: Die geschlechtlich vielfältig differenzierte und begabte Menschheit ist zur Herrschaft über die gesamte Schöpfung aufgerufen. Da sie jedoch als Gesamte das Abbild Gottes ist, kann sie diesen Auftrag nur im Sinne des Schöpfers verwirklichen, der die

Welt insgesamt sehr gut erschaffen hat (V31). Die Welt darf daher nicht zulasten irgendeines Teiles ausgebeutet werden. Der Mensch ist also dazu da, die Schöpfung, wie sie intendiert war, zu bewahren und die göttliche Ordnung in der Welt zu gewährleisten.

Während die unbelebte Natur als beständig gedacht wird und die Pflanzen, die die Erde hervorbringt (V11f.), sich aus sich selber heraus durch Samen vermehren, aber „alles Fleisch" per se vergänglich ist, braucht es, um alles Lebendige zu erhalten, die geschlechtliche Vermehrung. Beim Konnex von Geschlechterdifferenz und Fruchtbarkeit geht es also nicht darum, dass diese in einer Normativität der Heterosexualität untrennbar wären, sondern um den Erhalt der Spezies. Als Ziel ist deutlich das Füllen der Erde angegeben. Mit beinah acht Milliarden Menschen, die derzeit die Welt bevölkern, ist dieses Ziel wohl übererfüllt und kann keinesfalls mehr als einziger Zweck sexueller Begegnung angenommen werden.

Sexualität als Hilfe zum gemeinsamen Leben

Der zweite Schöpfungstext, die Edenerzählung von Gen 2, stellt die Menschenschöpfung wesentlich anders vor. Damit wird bereits in den ersten Kapiteln der Bibel deutlich gemacht, dass es sich bei ihren Geschichten nicht um Geschichte handelt, sondern vielmehr um Welt erzeugende Erzählungen, die die Lebenswelten der Menschen im ersten vorchristlichen Jahrtausend deuten, ergründen und gestalten wollen.[22]

Gen 2,4b–25 stellt die Erschaffung der Welt nicht im additiven, sondern im subtraktiven Verfahren dar: Nicht eines nach dem anderen kommt durch göttlichen Willen ins Dasein, sondern die Situation der Menschenschöpfung wird damit beschrieben, was noch nicht da war (V5f.). Der Mensch wird – ähnlich wie in den babylonischen Schöpfungsmythen – offenkundig zur Arbeit, insbesondere zum Bebauen der Ackererde, erschaffen (V5.15). Über geschlechtliche Differenzierung wird vorerst nichts gesagt. Ob man sich den aus Ackererde (*adama*)

---

[22] Siehe dazu Irmtraud Fischer, Dokumentierte Welt versus Welt erzeugende Erzählung, in: Jahrbuch für konstruktivistische Religionsdidaktik 7 (2016), 23–32.

getöpferten Menschen ('adam) geschlechtlich undifferenziert oder pluripotent vorgestellt hat, muss offenbleiben. Die Identifizierung des Menschen mit dem Mann wird jedenfalls erst durch dessen späteren Eigennamen, Adam, in Gen 3 manifest. Bis zur Erschaffung der Frau ist in der Edenerzählung 'adam als Artenbezeichnung zu verstehen.

Ob auch hier der Mensch als vergänglich konzipiert ist, muss in Anbetracht der Strafdrohung beim Verbot, vom Baum der Erkenntnis zu essen, offenbleiben (vgl. 2,9.16f.; 3,22). Jedenfalls dient die geschlechtliche Differenzierung im Gottesgarten nicht der Reproduktion,[23] sondern dem gemeinschaftlichen Leben, denn nach dem „Sehr gut", das Gott nach Abschluss der Schöpfung dem gesamten Werk verlieh (1,31), liest sich die Feststellung von 2,18 als Aufdecken eines Defizits:

> Dann sprach JHWH (die) Gottheit: Es ist nicht gut, dass der Mensch allein bleibt.
> Ich werde für ihn eine Hilfe machen, die ihm entspricht.

Vorerst versucht JHWH, (die) Gottheit, den Mangel durch die Erschaffung der Tiere aus demselben Material, aus dem der Mensch getöpfert (jṣr V7.19) wurde, zu beheben. Gott sieht vor, dass der Mensch die Tiere benennt. Das kommt jedoch einem Herrschaftsakt gleich (V19f.), was offenkundig „eine Hilfe, *die entspricht*" per se verunmöglicht, denn nach Abschluss dieses Abschnittes heißt es in V20 resümierend:

> Für den Menschen aber fand sich keine Hilfe, die ihm entsprochen hätte.

Wie bereits Walter Vogels in einem legendären Artikel gezeigt hat, kann 'ezer aufgrund seiner biblischen Verwendung auch für Gottes Hilfe (vgl. Ps 30,11; 54,6; 72,12) nicht mit der Bedeutung einer bloßen Unterstützung, einer Zuarbeit für einen Stärkeren versehen werden.[24] Vom biblischen Befund her ist also nicht der bedürftig oder schwach, der Hilfe ist, sondern

---

[23] Dass eine solche konzeptionelle Trennung von Sexualität und Reproduktion im Alten Orient denkbar war, darauf verweisen etwa sexuell überaus aktive, jedoch kinderlose Göttinnen.

[24] Siehe Walter Vogels, „It Is not Good that the ‚Mensch' Should Be Alone; I Will Make Him/Her a Helper Fit for Him/Her" (Gen 2:18), in: EeT(O) 9 (1978), 9–35.

der, der Hilfe braucht. Die Formulierung *'ezer k^enegdo* wiederum verweist auf eine „entsprechende" Hilfe, lässt also auch nicht unbedingt auf ein Gefälle in Richtung Hilfsbedürftigem schließen, sondern mehr auf Egalität, auf einander Hilfe sein.

Die dornige christliche Rezeptionsgeschichte, die bereits im NT (vgl. z. B. 1 Kor 11,7–9) zu belegen ist, hat die im hebräischen Text als entsprechende Hilfe erschaffene Frau als Hilfsmenschen für den „eigentlichen" Menschen, den Mann, gesehen, die sich daher dem Ehemann unterzuordnen habe (vgl. z. B. 1 Tim 2,9–15). Die theologische Anthropologie vieler Kirchen beruft sich bis heute auf solche Auslegungen, die der Hebräischen Bibel klar widersprechen. Vor allem die undifferenzierte Auslegung der Gottebenbildlichkeit ging ab der Kirchenväterzeit sogar so weit, dass diese teils nur dem männlichen Menschen zugesprochen wurde, da die Frau ja bloß der zweiterschaffene Mensch sei, der seine Funktion nur in der Unterstützung des männlichen Ersterschaffenen in der Fortpflanzung erfülle.[25] Vom heutigen exegetischen Standpunkt her, der die Treue zur Originalsprache und die Berücksichtigung möglichst vieler Anhaltspunkte im Text als Kriterium setzt, sind diese Auslegungen eindeutig als Fehlrezeptionen zu bewerten. Als solche sind sie allerdings Zeugen eines sehr freien Umgangs mit dem Text, womit eine Inkulturation christlicher Glaubenslehre in das griechische Denken und die antike römische Gesellschaftsordnung erleichtert werden konnte.

Der Versuch, die Einsamkeit des Menschen durch die Tiere zu beheben, war nach Gen 2,20 nicht erfolgreich, da dieser keine entsprechende Unterstützung fand. So sucht die Gottheit eine andere Lösung für das Problem:

> 21 Da ließ JHWH (die) Gottheit einen Tiefschlaf auf den Menschen fallen, sodass er einschlief. Und er nahm von seiner Seite und verschloss sie mit Fleisch. 22 JHWH (die) Gottheit baute die Seite, die er vom Menschen genommen hatte, zu einer Frau aus und brachte sie zum (verbliebenen) Menschenwesen. 23 Und das (verbliebene) Menschenwesen sprach: Das endlich ist Bein von meinem Bein

---

[25] Siehe die Rezeptionsgeschichte bei Emanuella Prinzivalli / Kari Elisabeth Børresen (Hg.): Christliche Autoren der Antike, Stuttgart 2016.

und Fleisch von meinem Fleisch!
Frau soll sie heißen,
denn vom Mann ist diese genommen.
24 Darum wird ein Mann Vater und Mutter verlassen und
sich an seine Frau binden und sie werden ein einziges Fleisch.
25 Beide waren nackt, das (verbliebene) Menschenwesen und
seine Frau, aber sie schämten sich nicht voreinander.

Die Gottheit töpfert diesmal nicht weiteres Lebendiges aus
demselben Material, sondern baut Entsprechendes aus dem
Menschen selber weiter aus. Gleich einer Operation unter An-
ästhesie wird dem geschlechtlich nicht definierten Menschen
im Tiefschlaf eine Seite entnommen, die sodann von Gott wei-
terbearbeitet wird. Was vom ursprünglichen Menschen nach
der Entnahme bleibt, ist offenkundig der Mann. Die Frau aber
ist eine neue Kreatur, die nach V22 ähnlich wie die Tiere in V19
zum verbliebenen Menschenwesen gebracht wird, woraufhin
dieses mit der Anerkennung der Adäquatheit antwortet. Dabei
ist nicht mehr von der Hilfe, die entspricht, die Rede, sondern
die erwartete Entsprechung wird durch eine Redewendung
ausgedrückt, die andernorts in der Bibel die ideale Ehefrau
aus der eigenen Sippe angibt: In Gen 29,14 akzeptiert Laban
den Sohn seiner Schwester Rebekka als Bräutigam für seine
Tochter mit diesen Worten (vgl. auch Ri 9,2).
   Daraufhin benennt das verbliebene Menschenwesen die
durch die Entnahme neu entstandenen Kreaturen, Mann und
Frau, wobei sich allerdings ein Androzentrismus breit macht,
der dem Kapitel sonst fremd ist. Entgegen jeder menschlichen
Erfahrung, dass alle Menschen aus einer Frau kommen, wird
hier das Umgekehrte konstatiert: Die Frau sei aus dem Mann
gemacht. Das verbliebene Menschenwesen deklariert sich damit in Kontinuität mit dem allerersten Menschenwesen, ge-
steht der Frau, die dies ebenso ist, jedoch nur zu, abgeleitet zu
sein. Die daraus in V24 formulierte Konsequenz ist dazu allerdings völlig gegenläufig, denn in patriarchalen Gesellschaften
werden die Ehen in der Regel im Haus des Mannes gelebt, nicht
im Haus der Frau. Aufgrund dieser irregulären Eheform hat
man manchmal darauf geschlossen, dass hier noch Hinweise
auf frühe matriarchale Lebensformen erhalten sein könnten.
Dies konnte so lange vertreten werden, solange man die Eden-

erzählung einem davidisch-salomonisch datierten Autor, dem sogenannten Jahwisten, zuschreiben konnte, was heute so gut wie niemand mehr versucht. Gen 2–3 ist wohl deutlich später entstanden als Gen 1,[26] was eine historische Erinnerung an vorpatriarchale Lebensformen völlig unwahrscheinlich werden lässt. Als einzig adäquate Interpretation erscheint daher die Betonung der Priorität der Geschlechterbeziehung vor jener der Herkunftsfamilie. Beachtenswert sind in diesem Vers sowohl die Umkehrung der in Alt-Israel üblichen Eheverhältnisse als auch die starke Bindung des Mannes an seine Frau – und nicht umgekehrt, wie man es für patriarchale Verhältnisse voraussetzen könnte.

Den Abschluss der Erzählung bildet die Notiz von der mangelnden Nacktheitsscham. Sie wird von manchen Auslegern als Hinweis genommen, dass es sich in Gen 2 um einen Adoleszenzmythos handle, der von sexuell noch unerfahrenen Menschen spreche.[27] Sexualität würde erst außerhalb von Eden in Gen 4,1 gelebt. Dass die beiden nach dem Verlassen der Herkunftsfamilie „ein Fleisch" sind, lässt jedoch nicht darauf schließen, dass sich Gen 2 das Paradies ohne Sexualität vorstellt, denn „ein Fleisch werden" ist wohl eher eine bildliche Beschreibung sexuellen Vollzugs. Die mangelnde Nacktheitsscham kann auch nicht auf sexuelle Unreife verweisen, da sie sich entwicklungspsychologisch bereits bei Kindern im Vorschulalter entwickelt. Schamlosigkeit zeigt vielmehr, dass die sexuelle Begegnung von Misstrauen und Übergriffen ungetrübt ist. Nach der Gebotsübertretung aber bestimmen sowohl Scham als auch Disharmonie die Beziehungen der Menschen untereinander und auch zu Gott (3,7–13).

Im Vergleich zur Konzeption von Gen 1, die die Deutung zulässt, dass zwar alle sexuellen Varianten erschaffen wurden, aber als Hauptzweck der Sexualität die Fortpflanzung und damit Artbewahrung sieht, zielt Gen 2 auf Sexualität als Mittel gegen die Vereinzelung und Vereinsamung. Das gemeinsame Leben mit sexuellem Genuss ohne Scham charakte-

---

[26] Siehe Tryggve N. D. Mettinger, The Eden Narrative, Winona Lake 2007.

[27] Vgl. Konrad Schmid, Die menschliche Sexualität als nachparadiesische Errungenschaft, in: JBTh 33 (2018), 3–12.

risiert im Gottesgarten die Geschlechtlichkeit und damit die gottgewollte Lebensform.

Die Edenerzählung von Gen 2–3 mit ihrer Fortsetzung in Gen 4 kann als ätiologische Erzählung verstanden werden, warum die Welt, obwohl von Gott wunderbar geschaffen, dennoch so ist, wie sie ist. Sie schreibt das Böse in der Welt und die schwierigen Umstände des Lebens nicht der guten Gottheit zu, sondern – sehr passend für den Eingang zur Tora – dem Ungehorsam der Menschen. Die Genesis ist eine Sammlung von Welt erzeugenden Erzählungen, die Erklärungs- und Orientierungsmöglichkeiten für die Menschen ihrer Zeit bieten wollen. So wie Gottes Gebote im Verheißungsland zu halten sind, damit Israel dort wohnen bleiben kann (vgl. den Moabbund in Dtn 28), so war es von Anfang an für die gesamte Menschheit im sorgenfreien Gottesgarten. Nur die Regel, nicht von den Bäumen mit den Götterfrüchten zu essen, die die göttlichen Qualitäten der Erkenntnis und des ewigen Lebens gewährleisten, ist zu beachten. Die Menschen halten sich jedoch nicht daran und verlieren Eden ebenso wie später Israel sein Land. Dass die Texte in ihrer Zeit so verstanden wurden und eben nicht als historisch zu begreifende Entstehungsgeschichte, ergibt sich allein durch das anachronistische Auftauchen von Vater und Mutter (Gen 2,24) für das soeben direkt von Gott erschaffene Menschenpaar. Es geht in diesen Erzählungen der sogenannten biblischen Urgeschichte um die *conditio humana*, um die Menschen, ihr Wesen sowie ihre Bezogenheit zur Welt und zu Gott.

2. Hierarchische Geschlechtlichkeit als vom Menschen gemachte Ordnung der gefallenen Schöpfung (Gen 3)

Die Geschichte vom Ungehorsam des Menschengeschlechts beginnt in Gen 3 mit dem Essen der Götterfrüchte. Wie bereits Walter Vogels scharfsichtig-polemisch dargestellt hat, erzählt zwar der Text, dass die Übertretung zuerst durch die Frau in die Welt kam (vgl. Sir 25,24), aber sie isst nicht einfach wie der

Mann, sondern setzt sich mit den Argumenten der verführenden Schlange theologisch auseinander und glaubt deren Lügen (3,1–6). Die Zweitverführung ist also keineswegs ehrenhafter oder gar abgeschwächter dargestellt, wie es später die ntl. Rezeption behaupten wird (vgl. 1 Tim 2,13f.). Der Bruch der Ordnung bewirkt das Zerbrechen des ungetrübten Vertrauens in die Welt, in das menschliche Gegenüber, die Hilfe, die entspricht, und auch in Gottes Güte (3,7f.): Die durch die Tat entstandene Nacktheitsscham zeigt auf, dass das unbeschwerte Zusammenleben zu Ende ist und man auch die unmittelbare Gottesbegegnung scheut. Am Verstecken der Menschen erkennt die Gottheit, dass sie das Gebot übertreten haben, und fordert Rechenschaft (3,9–13). Offenkundig antwortet allein das verbliebene Menschenwesen (*'adam*), an das als noch Ungeteiltem auch das Gebot erging (2,16).

Wie in so vielen atl. Texten (vgl. etwa die Daviderzählungen) besteht das Problem nicht nur in der Übertretung, der Sünde und dem Verbrechen, sondern auch darin, dass der Mensch zur Einsicht in das, was er getan hat, nicht bereit und damit für eine Besserung auch nicht zugänglich ist. Der männliche Teil des Menschenwesens macht sogar indirekt Gott für den Gebotsbruch verantwortlich, wenn er der Frau, die Gott ihm doch gegeben habe (3,12), die Schuld zuschiebt. Die Frau hingegen antwortet nach dem soeben Erzählten wahrheitsgemäß (V13).

Weibliches Begehren wird durch männliche Herrschaft beantwortet

Die folgenden göttlichen Strafsprüche beginnen mit der letztbeschuldigten Schlange, deren ungewöhnliche Fortbewegungsart ätiologisch begründet wird. Zwischen ihren Nachkommen und jenen der Frau wird todbringende Feindschaft gesetzt (V14f.). Der Strafspruch über die Frau in V16 greift das Reproduktionsthema aus V15 auf, wodurch die am Verbot von 2,17 hängende Todesdrohung gleich mehrfach konterkariert wird:

(3,16) Zu der Frau sprach er:
„Mehren, ja mehren *werde* ich deine *Mühsal*
und deine Schwangerschaften,
unter *Mühen* wirst du Kinder gebären.
Nach deinem Mann [ist] dein Begehren,
er aber *wird* über dich herrschen."

Obwohl also die Frau als erste von den verbotenen Früchten
aß, stirbt sie nicht, sondern wird mehrfach Mutter werden; ja,
Adam benennt in V20 seine Frau sogar mit dem Namen „Eva",
„Mutter aller Lebendigen". Der Gebärvorgang wird allerdings
jeweils mühevoll sein.

Die Strafstrategie gegen die Frau entspricht genau jener
für den verbliebenen Menschen: Er hat weiterhin die Ackererde zu bearbeiten, aber diese wird nicht mehr von selber ihre
Früchte hervorbringen, sondern der Mensch muss sie sich mit
Mühe erarbeiten. Da wir für den AO geschlechtsspezifische Ar-
beitsteilung vorauszusetzen haben, gilt diese Strafe vor allem
dem männlichen Geschlecht. Allerdings sind bei kleinteiliger
Landwirtschaft wohl alle Menschen jeglichen Geschlechts von
dieser Mühe betroffen, nicht nur die Männer.

Wenn in der Folge in diesem reproduktiven Kontext vom
Begehren der Frau gesprochen wird, so ist wohl das sexuelle
Begehren (vgl. dagegen 4,7) gemeint, das die ao. Gesellschaften – ganz anders als die längste Zeit die christlichen – nicht
tabuisieren. In vielen biblischen Texten erfahren wir von sexuellen Initiativen von Frauen (vgl. z. B. Gen 30,16; 38,13–19),
nur selten wird dies, weil außerhalb der Ehe, negativ beurteilt
(vgl. die Episode um die Frau des Potifar in Gen 39).

Das Hohelied als innerbiblische Rezeption der Edenerzählung

Während jedoch in intakten Beziehungen Begehren mit Verlangen beantwortet wird (vgl. Hld 7,11), besteht die Strafe darin, dass zwar die Frau weiterhin begehrt, der Mann die Lust
jedoch zu dominieren versucht und mit Herrschaft beantwortet. Wie Gen 2 ist das Hohelied der Überzeugung, dass nicht
fremdbestimmte und männlich dominierte Sexualität gott-
gewollt sei, sondern die liebende, begehrende Gemeinschaft

der Geschlechter. Im zweiten Teil der Edenerzählung wird die Gebotsübertretung als Eindringen des Misstrauens in die Gottesbeziehung und in die zwischenmenschlichen Relationen dargestellt. Während Gen 3,16 die Geschlechterordnung der gefallenen Schöpfung darstellt, wird die im AO real existierende Unterordnung der Frau unter den Mann im Hohelied aufgehoben: Dort, wo die gegenseitige und frei gewährte lustvolle Liebe ohne gesellschaftlich sanktionierte Regeln das Verhältnis von Mann und Frau bestimmt, richtet sich das Begehren des Mannes in Umkehrung von Gen 3,16 auf die Frau (Hld 7,11) und diese erwidert es. Die hocherotischen Beschreibungslieder der beiden Liebenden kennen keinen Geschlechterkampf und keine Hierarchie: Die Anzahl der Lieder, die die Frau singt, übersteigt sogar leicht jene des Mannes. Die glückende sexuelle Begegnung, die den ganzen Menschen von Kopf bis Fuß als schön und begehrenswert erscheinen lässt, transzendiert selbst in patriarchalen Gesellschaften die soziale Ungleichheit der Geschlechter.

Das Hohelied, das wie die Edenerzählung davon überzeugt ist, dass die dem Menschen entsprechende Lebensform nicht Einsamkeit oder gar Enthaltsamkeit ist, widerspricht somit klar dem Strafspruch von Gen 3,16. Einen ähnlichen Widerspruch formuliert Jes 66,7f. in Bezug auf die Wehen bei der Geburt. Im Kontext mehrfacher Bezüge auf Gen 1–3 hebt dieser eschatologische Jesajatext für eine völlig neue Schöpfungsordnung die Wehen selbst für die Geburt eines ganzen Volkes auf und lässt die Menschen alt werden wie die Bäume.[28]

Frühchristliche Rezeptionsgeschichte als Legitimation der Frauenunterdrückung

Wie Frank Crüsemann aufgezeigt hat, beginnt die für Frauen äußerst negative Rezeptionsgeschichte mit dem präskriptiven Verständnis von 3,16.[29] Da Gen 3 eine Ätiologie der realen Le-

---

[28] Siehe Odil Hannes Steck, Der neue Himmel und die neue Erde, in: Jacques van Ruiten / Marc Vervenne (Hg.): Studies in the Book of Isaiah, Leuven 1997, 349–365.

[29] Frank Crüsemann, „... er aber soll dein Herr sein" (Genesis 3,16), in: Ders. / Hartwig Thyen (Hg.): Als Mann und Frau geschaffen, Geln-

bensverhältnisse jenseits von Eden beschreiben will, empfiehlt sich die Übersetzung als Futurum und nicht mit „du sollst". In den Strafsprüchen gegen das paradiesische Paar wird dreimal die Wurzel ʿṣb, mühen, in unterschiedlichen grammatikalischen Formen gebraucht. Die Septuaginta übersetzt die Mühen nur für die Frau jeweils mit einem Wort für Schmerzen. Dieses Textverständnis hatte ganz konkrete Auswirkungen auf Frauen, wenn etwa in vielen Ordenskrankenhäusern noch im vorigen Jahrhundert Gebärenden schmerzlindernde Medikamente und Techniken mit dem Argument verwehrt wurden, dass Geburtsschmerzen nach der Bibel ja doch die gottgewollte Strafe für alle Nachfahrinnen Evas seien ...

Die lateinische Bibelübersetzung, die hierin der griechischen folgt, führt zudem eine neue Dimension ein, wenn sie, wie Ciriaca Morano gezeigt hat, das in der christlichen Spätantike als unschicklich empfundene Begehren der Frau nach dem Mann weglässt und die *potestas* des Mannes über die Frau einfügt:[30]

> *mulieri quoque dixit multiplicabo aerumnas tuas et conceptus tuos in dolore paries filios sub viri potestate eris et ipse tui dominabitur.*
> Zur Frau sprach er: Vervielfältigen werde ich deine Mühsal und deine Empfängnisse.
> In Schmerzen wirst du Kinder gebären und unter der Gewalt deines Mannes wirst du sein, er aber wird dich beherrschen.

Die erste lateinische Übersetzung, die sog. Vetus Latina, hatte diese Auslassung und Einfügung noch nicht; sie übersetzte mit der LXX *conversio tua ad virum tuum et ipse dominabitur*: Die Frau wendet sich ihrem Mann zu, der aber beherrscht sie. Hieronymus aktualisiert in der Vulgata diesen Text sehr frei für seine Zeit und seine Bedürfnisse: Frauen sind keine ebenbürtigen Partnerinnen, sondern stehen – wie in der spätrömischen Gesellschaft üblich – unmündig unter der rechtlichen Herrschaft ihres Ehemannes.

---

hausen/Berlin 1978, 15–106.

[30] Ciriaca Morano Rodríguez, Soziale Veränderungen und Entwicklungen des Frauenbildes im frühen Christentum, in: Emanuella Prinzivalli / Kari Elisabeth Børresen (Hg.): Christliche Autoren der Antike, Stuttgart 2016, 177–192.

So zeigt sich, dass Bibelübersetzungen gegen den Wortlaut der Originalsprache nicht nur Theologie, sondern auch Geschlechterpolitik machen.[31] Wenn dies Hieronymus, der Schutzpatron aller Bibelübersetzenden, für seine Zeit gewagt hat, dann steht es auch uns Heutigen in seinem Sinne gut an, unsere egalitäre Geschlechterordnung in den Bibelübersetzungen zu verankern – und dies umso mehr, als der hebräische Originaltext diese wesentlich mehr stützt als er das Subordinationspostulat der Vulgata legitimiert. Zudem muss breit ins Bewusstsein der Gläubigen gebracht werden, dass die von der katholischen Hierarchie noch immer hochoffiziell vertretene Geschlechterkonzeption – mit dem Mann als Haupt der Frau – die gefallene, nicht die gottgewollte Ordnung zum Ideal erklärt: Die aufgrund der Sünde gewordene, essentialistisch verstandene, hierarchische Unterordnung „*der* Frau" unter „*den* Mann" bei „gleicher Würde" ist bis dato das katholische Leitbild, nicht die gottgewollte Geschlechterordnung der Egalität.

---

[31] Zu weiteren Rezeptionen siehe Helen Schüngel-Straumann, Eva, Paderborn 2014.

IV. Elternunterweisung als Sexualerziehung und Ehelehre

Als hauptsächliche Träger von Bildung und Erziehung, der Vermittlung von Sitte und Brauch sowie ethischer und moralischer Richtlinien sind in Alt-Israel die Eltern anzusehen. Darauf lassen zwei völlig unterschiedliche Traditionsstränge schließen: die Spruchweisheit und die deuteronomische Elternunterweisung, die in den weisheitlichen Lehrreden des Sprüchebuches zusammengeführt werden.[32] Diese Lehrreden werden nicht – wie in der Forschung oft vorausgesetzt – von Weisheitslehrern verbreitet, sondern, wie Spr 1,8 und 6,20 eindeutig feststellen, von Vater und Mutter. Was aus einem Kind wird und was es als erwachsener Mensch tut, fällt daher im Guten wie im Bösen auf seine Eltern, auf Vater wie auf Mutter, zurück. So hat also einerseits die Elterngeneration die Verantwortung für die Erziehung, andererseits zeitigt das Handeln der jungen Generation familiäre Konsequenzen (vgl. Sir 3,1–16; 7,27f.).

1. Das ewige Klischee: Lüsterne Frauen verführen unschuldige Männer

In den Lehrreden des Sprüchebuches gilt die Hauptsorge der Eltern offenkundig der Bewahrung des Sohnes vor der fremden Ehefrau, die ihn zum Ehebruch verführen und damit an den Rand des Todes bringen könnte (vgl. Spr 5,3–11; 6,24–7,27). Ihn haben sie im Blick, wenn sie wie selbstverständlich annehmen, dass die fremde Frau ihn verführen, nicht aber, dass er nach fremden Frauen Ausschau halten könnte.

So warnen sie ihn vor der unersättlichen, untreuen Ehefrau, er solle ihrem Haus nicht zu nahe kommen. Denn sie

---

[32] Zu Genderaspekten siehe Christl Maier, Das Buch der Sprichwörter, in: Luise Schottroff / Marie-Theres Wacker (Hg.): Kompendium feministische Bibelauslegung, Gütersloh ²1999, 208–220.

halte Ausschau nach arglos vorbeischlendernden, unerfahrenen Männern (5,8; 7,6f.), denen sie an allen Orten in der Stadt, allerdings im Schutz der Abenddämmerung, auflauere (7,8f.). Die Eltern warnen ihren Sohn also in ganz ähnlicher Weise, wie heutige Eltern ihre jungen Töchter vor sexuellen Übergriffen durch Männer warnen. Wenn in den biblischen Texten die diesbezügliche Belehrung an junge Frauen völlig fehlt, heißt dies freilich nicht, dass es diese nicht gegeben habe, sondern kann auch bedeuten, dass man in der Regel Töchter am Abend und nachts nicht unbegleitet aus dem Haus gehen ließ (vgl. Sir 42,10; irregulär jedoch Hld 5,6f.).

Sodann malen die Eltern das Verhalten solcher Frauen in lebendigen Farben: Sie beginnt zu flirten und versucht, den jungen Mann mit charmanten Worten zu verführen (Spr 5,3), indem sie behauptet, just auf ihn gewartet zu haben (7,15), denn mit ihm wolle sie opfern und Gelübde erfüllen (7,14). Dass es sich hier nicht um kultische Verehrung der Gottheit Israels handeln kann, versteht sich von selber; es wird aber auch nicht explizit gesagt, dass es um Opfer für eine Liebesgöttin gehe[33] und kann daher auch eine ad hoc erfundene Schutzbehauptung sein. Dahinter steht aber wohl die Vorstellung, dass man Liebesgottheiten mit sexuellem Vollzug verehrt. Dabei malt sie dem naiven Mann noch auf der Straße aus, wie sie ihr Liebeslager bereits vorbereitet habe (7,16f.): Mit feiner Luxusware ausgelegt, weich gepolstert und mit allerlei Parfumessenzen besprengt, wartet es nur darauf, dass das Paar die ganze Nacht über in Lust schwelge und sich an den Liebesfreuden ergötze. Um ihre Verführung wirksamer zu gestalten, trägt sie Kleider, wie Prostituierte sie tragen (7,10), und die offenkundig besonders verführerisch sind.

Wenn sie den jungen Mann schließlich bezirzt hat, erklärt sie allerdings frank und frei, verheiratet zu sein. Da ihr Mann unter Mitnahme seines Geldbeutels verreist sei, sei sie längere Zeit und damit sicher diese Nacht allein (7,19f.). Mit diesen Versen kippt die hocherotisch aufgeladene Szenerie in eine Atmosphäre drohend naher Gefahr: Mit einer Prostituierten mitzugehen, kostet fast nichts (6,26), mit einer fremden Ehefrau steht jedoch das Leben auf dem Spiel. Ab 7,22 gleitet die Meta-

---

[33] So Helmer Ringgren, Sprüche, Göttingen 1962, 36.

phorik ins Tierische, in Jagd und Schlachtung ab: Der Verführ-
te wird zu einem Stück Vieh, das freiwillig und ahnungslos
zur Schlachtbank hinterhertrottet, wie ein freiheitsliebender
Hirsch, der sich in einem Fangseil verfängt und anschließend
leicht mit dem Pfeil erlegt werden kann, und wie ein Vogel, der
unbeabsichtigt ins Netz fliegt. Das Halali der Frau endet mit
der erlegten Beute, denn eine Ehebrecherin jagt dem Mann
das nackte Leben ab (5,4–6.22f.; 6,26–35). Auch wenn der Ehebruch im Dunkel der Nacht im Inneren des Hauses begangen
wird, wird er nicht verborgen bleiben (6,27f.), denn er ist wie
Feuer und glühende Kohlen, über die man nicht einfach hin-
weggehen kann und die die Kleidung in Brand setzen.

Die Lehre der Eltern ist eindrücklich. Sie verbieten dem
Sohn nicht einfach den Umgang mit Frauen ohne deren Ehemann, sondern stellen die erotischen Reize durchaus als
begehrenswert dar. Mit dieser Technik der resonanten Auf-
ladung erreichen sie einen umso drastischeren Kontrast zu
dem, was auf dem Spiel steht. Die lebendigen Darstellungen
einerseits des Reizes der Begierde, vielleicht auch des Verbotenen, und andererseits der dadurch drohenden Gefahr, Ansehen und Wohlstand (6,35) sowie Leib und Leben zu verlieren,
halten sich die Waage.

In Bezug auf Geschlechtergerechtigkeit bedient die Rede
jedoch die androzentrischen Stereotypen des arglosen Mannes und der aggressiv verführenden Frau. Allerdings bedarf
dieses Urteil von uns Heutigen einer massiven Korrektur:
Auch die Werbung von Frau Weisheit um die jungen Männer
spielt sich auf öffentlichen Plätzen ab (Spr 1,20f.), wo ehrwür-
dige Ehefrauen niemals Männer ködern würden. Auch sie wird
durch eine verführerische Frau personifiziert, die in ihren Palast einlädt und dort ihr Mahl und ihren Wein schon vorbereitet hat (9,1–6). Frau Weisheit ist allerdings eine selbstbestimm-
te, unabhängige Frau, keine Ehebrecherin. Die Zutaten ihres
Festmahls sind auch nicht – wie bei der ehebrecherischen Frau
Torheit – gestohlen (9,13–18).[34] Nach dem Besuch bei ihr sinnt
auch kein betrogener Ehemann auf Rache. Vielmehr verlockt

---

[34] Vgl. dazu Christl Maier, Die „fremde Frau" in Proverbien 1–9, Fri-
bourg 1995.

das Weisewerden zu noch mehr Belehrung (9,9) und damit zu neuer Einkehr bei der lockenden Frau Weisheit.

2. Erziehung zu erotischem Genuss

Auch wenn der Abschnitt der Warnung vor der fremden Frau wesentlich ausführlicher ist, so unterweisen die Eltern den Sohn vorher darin, was es für eine beglückende Liebesbeziehung mit der eigenen Frau braucht. Dass erfüllte sexuelle Begegnung auf Dauer nicht nebenbei geschehen kann, sondern bisweilen der Feststimmung mit viel Vorbereitung bedarf, vermittelten die Eltern ja bereits in der Beschreibung der Verführung in Spr 7: Von umwerbenden Worten war da die Rede, vom Festhalten und Küssen (V13), von der Vorbereitung des Bettes durch frisches Leinen und üppige Decken sowie den Einsatz von wohlriechenden Substanzen. Offenkundig wird damit erotische Kultur beschrieben, wie sie im wohlhabenden Milieu, in dem die Sprüche gesammelt worden sind, vorauszusetzen ist.

In Spr 5,15–20 wird der verbotene und daher gefährliche erotische Kitzel einem freudvollen Liebesgenuss mit der eigenen Frau gegenübergestellt. Der Liebesakt wird wie häufig in der Bibel mit Trinken und Essen metaphorisiert (vgl. z. B. Hld 4,15f. 5,1), die Frau daher als Quelle, Brunnen, Zisterne und fließender Wasserlauf dargestellt, die ihr erfrischendes Nass ausschließlich für ihren Ehemann sprudeln lässt. An ihren Brüsten soll sich der Sohn immerfort nähren und berauschen, und ihre Liebe soll ihn immer neu trunken machen. Sexuelle Befriedigung als Liebesglück wird als ermattendes Sattwerden dargestellt.

Als Gegenbild zum erjagten Hirsch in Spr 7,22f. wird in 5,19 die Frau der Jugend als quicklebendige junge Hirschkuh und anmutige Gazelle vorgestellt, zwei Tiere, die das behände und grazile Liebesspiel treffend ins Bild setzen – und gar nichts mit dem finalen Tötungsschuss bei der Jagd gemeinsam haben.

Wer dauerhaft und ausdauernd Liebesfreuden genießt, braucht keine Fremden dazu (5,20). Solche Paare sind sich selbst genug und wissen, was sie in der Einzigkeit aneinander haben.

Die Eltern des belehrten jungen Mannes sind offenkundig selber noch sexuell aktive Menschen, die Liebesfreuden nicht nur vom Hörensagen kennen, und das hohe Glückspotential erfüllter Sexualität daher auch an die nächste Generation weitergeben wollen. Sie sind weit entfernt von Keuschheitspredigern, die selbst noch in der Ehe den Genuss vermiesen wollen und nichts vom gesättigten Wohlgefühl ausgekosteter sexueller Begegnung wissen, die nicht nur den Körper mit all seinen Sinnen berührt, sondern auch die emotionalsten Urgründe der Seele ergreift.

3. Erziehung zur idealen Ehefrau

Auch wenn der Großteil der elterlichen Lehren im AT an den männlichen Nachwuchs gerichtet ist, so werden selbstverständlich auch Mädchen erzogen und für ihr Erwachsenenalter sozialisiert. Wenn in diesem Kulturkreis Erwachsenwerden gleichbedeutend ist mit Heiraten, dann müssen weibliche Jugendliche auf die (patriarchale) Ehe vorbereitet werden. Man kann also Sprüche, die Ehefrauen als höchstes Gut preisen und die ideale Frauen vorstellen, als Teil dieses Erziehungsprogramms für beide Geschlechter verstehen: für den Sohn, der durch die Lehre seine Ehefrau zu schätzen lernt, und für die Tochter, damit sie mit dem nötigen Verantwortungsbewusstsein sowie mit entsprechenden Selbstwertgefühl in ihre neue Familie einheiraten kann. So formuliert Spr 18,22 die Gleichung: Eine Frau finden = Gutes finden – und das ist zudem Ausdruck des Wohlgefallens JHWHs (vgl. auch Sir 26,3). Wem aber eine Ehefrau fehlt, der ist in Gefahr, in andere Ehen einzubrechen (Sir 36,29–31). So kann die Frau auch als Zaun um den Mann bezeichnet werden – eine Metapher, die hier allerdings nicht Eingesperrtsein, sondern vielmehr Schutz bedeutet. Zudem verlängert die harmonische Gemeinschaft mit einer idealen Frau, die mutig und fähig ist, die Lebenserwartung (Sir 26,1f.) und macht, unabhängig von Reichtum oder Armut, glücklich (Sir 26,4).

Das Sprichwort aus Spr 19,14 sieht das Wohlleben eines Mannes aus zwei Komponenten zusammengesetzt: aus dem Erbteil der Eltern und aus der Gottesgabe einer intelligenten Frau. Durch die wiederkehrenden Ratschläge, Verstand und Gottesfurcht einer Frau vor (ohnedies vergänglicher) Schönheit zu bevorzugen (31,30; vgl. auch Sir 42,12), könnte auch Spr 27,17 als Ehelehre verstanden werden: Nur zwei gleich starke Partner entsprechen einander (Sir 26,2), ein starker Mann braucht keine schwache Frau, und für eine starke Frau ist ein schwacher Mann auch keine Hilfe.

Eine wirklich fähige Frau benötigt aber offenkundig die Mitarbeit ihres Mannes gar nicht, und es ist in manchen Fällen vielleicht sogar besser, wenn er sie ungehindert, aber hochgeschätzt, schalten und walten lässt (Spr 31,10–12). Dann ist sie, entgegen allen patriarchalen Konzeptionen, auch fähig, den Ruhm ihres Mannes und ihrer Familie zu begründen (Spr 31,23; Sir 40,19), und wird noch höher geschätzt als Freunde und Gefährten (Sir 40,23). Wenn Spr 31,10–31 als Prinzessinnenunterweisung durch die Mutter Lemuëls, der Königin von Massa, zu verstehen ist,[35] ist es bemerkenswert, dass diese Tochter weder zur Unterordnung unter ihren Mann noch zu einer anschmiegsamen Ehefrau, sondern zur völlig selbständigen Frau mit Besitz und rechtlicher Vollmacht erzogen wird. Teils werden gute und schlechte Ehefrauen einander gegenübergestellt (Spr 12,4), aber man ist sich auch dessen bewusst, dass Paarbeziehungen nicht berechenbar und nicht bis zum Ende auslotbar sind (30,19). Dass ein Mann auf das Verhalten seiner Frau Einfluss hat, macht man ihm durch die Warnung bewusst, dass er nicht durch seine Eifersucht auch die ihrige heraufbeschwören soll (Sir 9,1.9). Keinesfalls aber soll er auf Einflüsterungen, die gegen seine eigene Frau intrigieren, hören (Sir 28,15).

Für die Ehevorbereitung in patrilinearen Gesellschaften mit der Erwartung der strikten Treue einer Frau wird einem Mann auch empfohlen, auf den unversehrten Leib und

---

[35] Siehe dazu Irmtraud Fischer, Gotteslehrerinnen, Stuttgart 2006, 142–172.

die Jungfräulichkeit der Töchter zu achten, sie rechtzeitig zu verheiraten und zur Treue zu erziehen, auf die Mutterschaft vorzubereiten und sie nicht allzu sehr zu verwöhnen, damit sie nicht kapriziös würden (Sir 7,23–25; 42,9–11). Aus diesen hellenistischen Texten spricht freilich eher die Vorbereitung für ein konfliktarmes Zusammenleben aufgrund der Unterordnung der Frau als eine Erziehung zu einer eigenständigen, selbstbestimmten Person. Aber es gibt immer noch das alte Wissen, dass Einklang und Harmonie, die nur auf Augenhöhe entstehen, auch in der Paarbeziehung das Ideal darstellen (Sir 25,1). Erzählende Texte lassen sehr wohl darauf schließen, dass Frauen gerade auf dem Gebiet der Geschlechtlichkeit nicht passiv oder abwartend, sondern durchaus eigenständig sexuell initiativ sind – man denke hier nur an Rahel (Gen 30,1) und Lea (30,16), die mit der Sexualität ihres gemeinsamen Mannes sogar Tauschhandel betreiben und hierin keinen Widerspruch von Seiten Jakobs erfahren (30,14f.). Die Schönheit weist in vielen Texten eine Frau als ideale Ehefrau aus (z. B. Gen 12,11.14; 24,16; 29,17). Sie ist zwar nicht das Wichtigste, wird aber gerade ob ihres erotischen Reizes hochgeschätzt (Sir 26,16–18; 36,27). Schönheit kann aber, wenn sie nicht der eigenen Frau eigen ist, aus männlicher Sichtweise auch eine Gefahr darstellen (Sir 9,8f.). Das Hohelied zeigt in den Beschreibungsliedern beider Geschlechter, dass sie für die sexuelle Anziehung von großer Bedeutung ist und wohl nicht nur durch äußere, quasi objektive Kriterien zustande kommt, sondern vielmehr im Auge der Betrachtenden durch die Beziehung zum geliebten Gegenüber entsteht: Wer liebt, findet den geliebten Menschen schön, wenngleich dies durchaus nicht auf alle Aspekte der körperlichen Perfektion zutreffen muss. Im AT wird Schönheit insgesamt vielmehr mit der Eignung einer Person verbunden als über das äußere Erscheinungsbild geurteilt.[36]

---

[36] Vgl. Irmtraud Fischer, Bellezza e genere nell'Antico Testamento, in: Storia delle donne 12 (2016), 97–113.

V. Gelingende geschlechtliche Beziehungen

Da unsere heutigen Vorstellungen, was denn eine geglückte sexuelle Beziehung und eine gute Ehe ausmache, beileibe nicht mit den Idealen aus biblischen Zeiten übereinstimmen müssen, ist zu fragen, ob und inwiefern das, was wir heute diesbezüglich erwarten, auch in diesen alten Texten als erstrebenswert erhoben werden kann. Es ist daher ein doppelter Bias zu bedenken: Wer kommt in den biblischen Aussagen mit seinen Vorstellungen zu Wort und wer nicht? Und wie und von wem werden solche Konzeptionen derzeit von unterschiedlichen Positionen aus beurteilt? Gerade in Bezug auf Sexualität vertreten bis heute viele (theologisch) gebildete Menschen die Position, dass alle Zeiten vor uns und so auch der AO prüde und rigide gewesen seien und es daher keinesfalls angehe, Lücken in den Gesetzesmaterien als Nullstellen der Regelung zu interpretieren oder freizügige Details von Einzeltexten zu verallgemeinern. Ao. Verhältnisse, die auch in der Bibel ihren Niederschlag finden, entsprechen freilich nicht den heutigen von westlichen Geschlechterdemokratien. Es ist aber zu argwöhnen, dass viele Sachverhalte noch immer mit der Brille des sogenannten Orientalismus aus dem prüden 19. Jh. gedeutet werden. Zudem werden viele Sachverhalte mit den in der Spätantike vom Manichäismus angefeuerten christlichen Keuschheitsvorstellungen bewertet oder sogar noch immer unter der Prämisse gelesen, dass das Grunddokument des Christentums kirchlichen Moralvorstellungen nicht widersprechen könne.

Diesem mehrfachen Bias soll im Folgenden durch einige Strategien entgegengewirkt werden. So sollen einerseits Texte mit Handlungen und Ansichten, die nicht klassischen Konzeptionen von Sexualmoral entsprechen, dann nicht als deviant verstanden werden, wenn die Texte selber dies nicht tun. Sie werden vielmehr wie die Spitze eines Eisbergs gelesen, die auf ein gesellschaftlich wesentlich weiter verbreitetes Verhalten schließen lässt, als die kanonischen Texte es wiedergeben. Andererseits werden nicht nur heterosexuelle Beziehungen untersucht, sondern ebenso als beglückend beschriebene queere Verhältnisse, zudem wird auch Polygynie weder als von vornherein moralisch fragwürdig noch als serail-imaginierender Machotraum wahrgenommen.

1. Only bad news are good news?

Wie bereits erwähnt, sind gute Ehen wohl jene, über die es nichts zu sagen gibt – von solchen wird also überall dort erzählt, wo ein Paar vorgestellt, aber nichts über deren Beziehung laut wird. Erzählerisch interessant sind freilich vielmehr Verwicklungen und außergewöhnliche Ereignisse, im Guten wie im Schlechten. So kann man diagnostizieren, dass die Bibel – quasi im heutigen journalistischen Sinne von *only bad news are good news* – zwar von manchen Ehen ausschließlich Schlechtes oder Tragisches erzählt, aber von zumindest streckenweise glücklichen Ehen meist auch nicht nur Gutes. Das hängt wahrscheinlich damit zusammen, dass das AT eben keine Heiligenlegenden schreibt, sondern sehr nahe am teils allzu prallen Leben erzählt und daher die Fährnisse eines ganzen Lebensweges einfängt, der heute wie damals so gut wie nie ganz ohne krisenhafte Gabelungen oder Irrwege verläuft. Gil Rosenberg nimmt für die Abraham-Sara-Erzählungen treffend wahr, dass sie keine traditionellen Verhältnisse beschreiben, sondern vielmehr *queer sociality* widerspiegeln.[37] Die gesamten Erzeltern-Erzählungen konfrontieren mit Sachverhalten, die in vielfacher Weise irregulär sind: mit Kinderlosigkeit und deren Lösungsversuchen zulasten von sozial am Rand stehenden Sklavinnen (Gen 30,3–13), im Falle Hagars auch noch ausländischer Herkunft (16,1–6), mit der Überschreitung der fruchtbaren Altersphase bei Kinderlosigkeit (15,2; 16,1; 18,11f.) sowie bewusster Gefährdung und sogar Preisgabe von Ehebanden ohne Scheidung (12,10–20; 20; 26,1.7–11), mit gezielt geplantem Hintergehen des Ehepartners und Anstiftung des Sohnes zum Betrug gegen den Vater (27,6–17), ja sogar mit dem Durch-

---

[37]   Gil Rosenberg, Ancestral Queerness, Sheffield 2019.

brechen der Inzestschranken gegen den eigenen Vater bzw. Ehemann (35,22). Konfliktbeladene Ehen also allenthalben, da herausragende Ereignisse erzählt werden, nicht der klaglos funktionierende Alltag. Wer meint, aus diesen Erzählungen auf glückliche Ehen schließen zu können, muss eine rosa Brille tragen. Aber das heißt nicht, dass nicht für einzelne Erzählzüge oder Figuren auf gelingende Sexualität und erfüllte Liebe geschlossen werden darf.

2. Zumindest ein Teil ist in der Ehe glücklich ...

Um Beziehungen zu finden, die auf ein gelungenes Geschlechtsleben schließen lassen, muss man sich also primär vereinzelten Notizen zuwenden. Dies ist ergiebiger, als ganze Erzählzyklen mit den Erwartungen von lebenslang glücklichen Einehen zu bewerten. Aufgrund der Entstehungssituation und des vorauszusetzenden patriarchalen Milieus der Texte ist zu erwarten, dass häufiger die Gefühle von Männern beschrieben werden als jene von Frauen und bei Versklavten sehr selten auf deren emotionale Befindlichkeit eingegangen wird. Eine Ausnahme bildet hier die Regelung des Bundesbuches von Ex 21,5f., die es erlaubt, einen hebräischen Sklaven, der im siebten Jahr freigelassen werden muss, auf Dauer im Sklavenstand zu halten. Wurde er aufgrund von Überschuldung samt Frau und Kindern versklavt, erlangt die gesamte Familie nach sechs Jahren die Freiheit. Kam er aber allein und wurde in der Sklaverei mit einer Sklavin des Hauses zusammengeführt, werden diese unfreie Frau und eventuell bereits geborene Kinder nicht mit ihm entlassen. Der Sklave kann sich in dieser Situation, die eine Trennung von seiner Frau bewirken würde, entscheiden, lebenslänglich mit seiner Familie in der Sklaverei zu verbleiben. Als Motivation wird die Liebe zu seiner Frau und seinen Kindern – und an erster Stelle zu seinem Sklavenherrn (!) – angegeben. Wer sich lebenslänglich selber der Freiheit beraubt, muss wohl eine erfüllte Beziehung leben oder wenigstens sehr viel Verantwortungsgefühl für seine Kinder haben.

Isaak wird in den Anfängen seiner Ehe mit Rebekka als durchaus glücklich beschrieben. Er kann sich mit der Frau an seiner Seite, von der es ausdrücklich heißt, dass er sie liebte, von der Trauer um die Mutter lösen (Gen 24,67). Vonseiten Rebekkas stellt sich die Ehe offenkundig anders dar – darauf wird noch zurückzukommen sein.

Auf eine wohl nicht unerwiderte, aber durchaus nur einseitig eindeutige Liebe lässt auch die Ehe zwischen Jakob und Rahel schließen. Als er sie zum ersten Mal sieht, übernimmt er für sie sofort die Schwerarbeit des Schafetränkens am Brunnen, aus dem geschöpft werden muss. Er küsst sie – freilich auch als seine Cousine – öffentlich und beginnt zu weinen (29,9–11), ob vor lauter Rührung oder aufgrund der Erleichterung, wohlbehalten an seinem Fluchtziel angekommen zu sein, kann nicht entschieden werden. Jakob verliebt sich in Rahel so sehr, dass ihm als mittellosem Flüchtling die als Brautpreis festgesetzte Arbeitsleistung von sieben Jahren wie ein paar Tage vorkommen (V12–20). Als diese jedoch erbracht ist, will er seine Verlobte umgehend zur Frau haben (V21). Der Vater stimmt dem auch zu, betrügt ihn aber, indem er die ältere Tochter Lea verheiratet und ihm diese in der Hochzeitsnacht unterschiebt. Der massive Protest Jakobs, der sich als Jüngerer doch selbst als der Ältere ausgab (27,18–29), bewirkt keine Scheidung von Lea, sondern eine Dienstverpflichtung auf weitere sieben Jahre, damit er auch die geliebte Rahel ehelichen kann, die er ein Leben lang ihrer fruchtbaren Schwester vorziehen wird (29,22–30). Die beiden Töchter Labans werden – anders als ihre Tante Rebekka eine Generation vorher – nicht um den Ehewillen gefragt. So erfahren die Lesenden auch nicht, ob Rahel die Liebe ihres Mannes erwidert, aus 30,1f. könnte man schließen, dass diese ihr nicht mehr wert ist als eigene Kinder. Die Kindernamen Leas, von denen viele Sehnsuchtsnamen sind, kann man allerdings als Erweis einer einseitigen Liebe ihrerseits verstehen (29,32–34). Jakobs sexuelles Begehren richtet sich jedoch auf die geliebte Rahel, mit ihr verbringt er regulär den Feierabend und die Nächte (30,15f.).

Von einer nur einseitigen Liebe ist auch bei Michal die Rede. Als heiratsfähiges Mädchen begehrt sie den erfolgreichen jungen Krieger David (1 Sam 18,27f.), der aufgrund seiner Siege am Königshof ihres Vaters hoch willkommen ist, aber sehr bald auch eifersüchtig beneidet und beargwöhnt wird (V7–9). In ihrer Liebe zu David steht sie in Konkurrenz zu ihrem Bruder Jonatan. Beide Geschwister helfen dem Geliebten, vor ihrem Vater zu fliehen und bewahren ihn damit vor dem sicheren Tod (1 Sam 19–20). Es ist anzunehmen, dass Michal David auch noch liebt, als dieser am Königshaus nicht mehr willkommen ist und sie aus väterlicher Willkür zwangsgeschieden wird (25,44). Ob sie ihn noch liebt, als David sie zur Demonstration der Übernahme von Sauls Königtum als Ehefrau zurückfordert, bleibt offen. Die letzte Episode, die das Ehepaar narrativ zusammenführt, zeigt bereits eine verbitterte Frau, die ihren Mann verachtet (2 Sam 6,16–23).

Ob Zippora Mose liebt, steht nirgends geschrieben. Aber auch sie handelt beherzt, um ihrem Ehemann das Leben zu retten (Ex 4,24–26). Als JHWH ihn wie ein Dämon überfällt, beschneidet sie ihren Sohn und berührt apotropäisch mit der Vorhaut das Geschlecht ihres Mannes, um ihn vor dem Angriff zu bewahren.[38] Die Notiz in Ex 18,2 spricht allerdings von „ihrer Zurückschickung" zu ihrem Vater, was aufgrund der Wendung „eine Frau wegschicken", šlḥ (pi.) iššā, die für eine Ehescheidung steht, auch auf eine dauerhafte Trennung verweisen kann.

Auch Kohelets Vision vom guten Leben spiegelt wohl ein einseitiges Beziehungsvergnügen wider. Wenn in der Königstravestie in Koh 2,8 von „Brüsten und abermals Brüsten" die Rede ist, die sich der Jerusalemer Herrscher leistet und dennoch keine wirkliche Befriedigung findet, da alles „Windhauch" sei (V11), so ist nach seiner Aussage zwar ein Traum heterosexueller Männer erfüllt, aber auf gegenseitigen Genuss verweist die Formulierung sicher nicht. Auch in 9,7–10 ist die Aufforderung zum Lebensgenuss auf allen Ebenen androzentrisch formuliert, wenngleich nicht erniedrigend für Frauen: Kohelet empfiehlt sinnenfrohes Essen und Trinken mit

---

[38] Siehe Ursula Rapp, Zippora, in: Irmtraud Fischer u. a. (Hg.): Tora, Stuttgart 2010, 292–304, hier 295–299.

Festfreude, Wohlgerüchen und frischen Kleidern sowie dem Leben allzeit „mit einer Frau, die du liebst" zu begegnen (V9). Der Aufruf ist an ein männliches Gegenüber gerichtet, nicht auch an ein weibliches, und es wird auch nicht gesagt, dass es eine Frau sein sollte, „die dich liebt". Auch wenn Kohelet hier nicht von „deiner Frau", sondern von „einer Frau" spricht, ist wohl nicht an Liebschaften außerhalb der Ehe gedacht, sondern vielmehr an Lebensgenuss zu zweit, nicht allein oder auf Kosten anderer, wie es in der Königstravestie durchaus nicht ausgeschlossen ist, da Frauen nur mit einem Körperteil wahrgenommen werden. Da Kohelet wörtlich übersetzt „die Predigerin" oder „die Versammlerin" bedeutet, könnte man V9 vielleicht heute auch als Aufforderung zum Liebesgenuss zwischen Frauen aktualisieren.

3. Erfüllte gleichgeschlechtliche Liebesbeziehungen

Beim Schreiben dieses Buches überraschte mich der biblische Befund, dass es zwar so gut wie keine reguläre Ehe gibt, von der nicht auch Störungen geschildert werden, wohl aber zwei Erzählungen über gleichgeschlechtliche Beziehungen, in denen man sich lebenslängliche Beständigkeit verspricht und diese selbst über den Tod hinaus auch hält.

Liebe zwischen Frauen – über den Tod hinaus

So verwehrt sich Rut gegen den Rückkehrbefehl nach Moab, den ihre Schwiegermutter Noomi für sie gut meint, mit den Worten:

Bedränge mich nicht, dich zu verlassen, um zurückzukehren vom Dir-Hinterher(gehen)!
Denn wo auch immer du hingehst, da gehe auch ich hin, und wo auch immer du übernachtest, da übernachte auch ich!
Dein Volk ist mein Volk, und dein Gott ist mein Gott!

Wo auch immer du stirbst, da sterbe auch ich, und dort werde
auch ich begraben.
Dieses tue JHWH an mir, und jenes füge er hinzu,
denn nur der Tod wird scheiden zwischen mir und dir!
(Rut 1,16f.)

Ruts Worte werden in der traditionellen Auslegung gerne als
Übernahme der Versorgungspflichten ihres verstorbenen
Mannes für seine verwitwete Mutter gedeutet. Bei genauem
Lesen des Hebräischen wird man jedoch schon in V14 auf eine
andere Qualität der Beziehung gestoßen, wenn es heißt „Rut
hing an ihr." Derselbe Ausdruck, *dbq*, wird in Gen 2,24 für die
Beziehung zwischen Mann und Frau verwendet, die die Pri-
märbeziehung zu den Eltern sekundär werden lässt. Rut will
eben gerade nicht – wie Noomi es vorschlägt – zurück in das
Haus ihrer Mutter (1,8), um von dort aus einen neuen Ehemann zu finden (V9). Für sie ist Noomi die Lebenspartnerin,
derentwegen sie bereit ist, ihr Volk und ihre Gottheit(en) zu
verlassen. Wenn der Schwur Ruts heute gerne bei kirchlichen
Trauungen heterosexueller Paare verlesen wird (freilich ohne
dabei zu bedenken, dass sich hier eine Frau lebenslang an eine
andere bindet!), hat man durch diese Rezeption intuitiv den
Kairos dieses Schwures erfasst: Hier bindet sich ein Mensch in
lebenslanger Treue bis ins Grab an einen anderen.

Als Boas auf seinem Feld erstmals mit Rut zusammentrifft,
weiß er offenkundig um die außergewöhnliche Beschaffenheit
ihrer Beziehung zur Schwiegermutter:

Gekündet, ja gekündet wurde mir alles,
was du deiner Schwiegermutter getan hast nach dem Tod
deines Mannes.
Du hast deinen Vater und deine Mutter und dein Geburtsland
verlassen
und bist zu einem Volk gegangen, das du zuvor nicht kann-
test. (2,11)

Der künftige Ehemann Ruts weiß noch vor seiner ersten Begegnung mit ihr, dass sie wegen der Schwiegermutter nach
Betlehem kam. Er schätzt nicht, was Rut bei aufrechter Ehe
für die Familie ihres Mannes tat, sondern was sie als Witwe
für Noomi tat. Als Rut ihn in der nächtlichen Szene um die Ehe
bittet (3,9), weiß er also bereits, dass er diese Frau nicht allei-

ne in sein Haus aufnehmen wird können, sondern die beiden Frauen zu zweit kommen werden. Die Rechtskonstruktion, die Rut ihm vorlegt, macht dies auch gesellschaftlich möglich, denn sie kombiniert die Löserverpflichtung (vgl. Lev 25) des nahen Verwandten (Rut 2,1.20) mit der Institution des Levirats (Dtn 25,5–10).

Dieser Halacha, einer kreativen Rechtsauslegung,[39] folgt Boas bei der Rechtsversammlung am nächsten Tag und kommt damit durch. Die Ältesten bestätigen mehrfach, dass die Ehe mit Rut auch den Charakter der Lösung für Noomi hat. Nirgends wird gesagt, dass Rut und Boas einander lieben. Der Mann ist bereit, das Paar zu versorgen, auch mit einem Nachkommen. Diesen gebiert Rut allerdings nicht für Boas, sondern für Noomi, das weiß ganz Betlehem (Rut 4,17) und hat dies auch bereits beim Hochzeitswunsch anklingen lassen, wenn nicht von seinem Samen die Rede ist, sondern vom Samen der jungen Frau (V12). Unterschwellig wird auf die nicht konformen Geschlechterkonzeptionen in den Frauenbeziehungen des Rutbuches bereits durch die grammatikalisch männlichen Formen für zwei Frauen (so in 1,8.9.11.13; Dual in 1,19; 4,11) angespielt. Für die Frauen von Betlehem ersetzt zudem Rut für Noomi nicht nur die beiden verstorbenen Söhne, sondern sie ist sogar mehr wert als sieben Söhne; diese Hochschätzung erfährt Rut aber nicht nur aufgrund der Geburt des Sohnes, sondern auch, weil sie Noomi liebt (4,15). In Betlehem gibt es offenkundig keine Vorurteile gegen Frauenliebe – und offenkundig auch nicht gegen die Liebe zwischen zwei Männern ...

„Deine Liebe ging mir über Frauenliebe ...“

Da es in der folgenden Szene um die Dynastiebildung geht, könnte man bei Sauls Klassifizierung der Beziehung zwischen Jonatan und dem aus Betlehem stammenden David auch Vorbehalte gegen gleichgeschlechtliche Liebe herauslesen. In 1 Sam 20,30 beschimpft der Vater seinen Sohn:

---

[39] Siehe dazu und zum Folgenden meinen Kommentar: Irmtraud Fischer, Rut, Freiburg i. Br. ²2005, 77–85.212f.

Du aufsässiger Hurensohn!
Als ob ich nicht wüsste, dass deine Wahl auf den Sohn Isais
gefallen ist,
dir selbst und der Scham deiner Mutter zur Schande.

So übersetzt die Zürcher Bibel, die damit die sexuelle Konnotation der Formulierung durchaus mitklingen lässt. Ob die angesprochene Schande jedoch auf die Abkehr von der Familie und/oder auf das Liebesverhältnis der beiden zielt, muss offenbleiben. Beide Deutungen sind möglich. Lässt man das Hohelied außen vor, so sind die Beziehungen zwischen Jonatan und David – und implizit jene zwischen Rut und Noomi – die einzigen im gesamten AT, die durch deklarierte gegenseitige Liebe gekennzeichnet werden. Alle anderen Notizen von Liebe in einer Paarbeziehung sind ausschließlich auf einen Teil bezogen. Jonatan liebt David (1 Sam 18,3), und David liebt Jonatan (2 Sam 1,26). Von keiner der vielen Frauen Davids wird dies gesagt, und das ist insofern auch nur konsequent, als er Jonatan bereits liebt, bevor er das erste Mal heiratet. Als der Geliebte stirbt, trauert er um ihn mit den Worten:

Eng ist mir wegen dir, mein Bruder Jonatan.
Lieblich (na'amta) warst du mir, überaus.
Und wunderbarer war deine Liebe ('ahᵃbatᵉka) für mich
als die Liebe von Frauen (me'ahᵃbat našim)! (2 Sam 1,26)

Auch diese Liebe hielt also ein Leben lang, so wie jene Ruts zu Noomi (vgl. Rut 1,16f.; 4,15). Noomi spielt mit ihrem Namen „Liebliche" und will vorerst Mara, „Bittere", genannt werden (1,20). Die Wurzel n'm, „lieblich", „angenehm", die in 2 Sam 1,26 für den männlichen Geliebten steht, spiegelt sich auch im Namen Noomis wider und wird in Hld 7,7 zur Beschreibung der begehrten Frau verwendet. An das Hohelied angelehnt ist auch die Geschwisterbezeichnung für die Liebenden: David spricht Jonatan als „mein Bruder" an, gleich wie der Liebende die Geliebte als „meine Schwester" anspricht (Hld 4,9f.12; 5,1f.).

Die Liebe zwischen Jonatan und David beginnt bei ihrer ersten Begegnung am königlichen Hof (1 Sam 18,1–4). Die Vitalität (nefeš) Jonatans bindet sich (qšr ni.) dabei an die Vitalität (nefeš) Davids. Wenn, wie häufig geschehen, nefeš hier als „Seele" (die es bekanntlich im Hebräischen gar nicht gibt) übersetzt wird, wird die Beziehung von Anfang an platonisch eingefärbt. Dieselbe Formulierung findet sich auch für die einzigartige Beziehung von Jakob zu Benjamin, seinem einzigen verbliebenen Sohn von seiner geliebten Rahel (Gen 44,30). Ihn will er keinesfalls mit seinen Brüdern nach Ägypten ziehen lassen, denn ohne ihn kann und will er nicht leben. Genau so ist auch die Beziehung der beiden Männer zu sehen, man kann ohne den anderen nicht leben. Deshalb schließen die beiden sodann ein Liebesbündnis:

> Und Jonatan schloss einen Bund mit David, denn als Liebe (bᵉʾahᵃbato) seines Lebens (bᵉnafšo) liebte er ihn. (1 Sam 18,3)

Die Notiz aus V2, dass er in das Haus von Jonatans Vater aufgenommen wurde und nicht mehr ins eigene Elternhaus zurückkehrte, liest sich in diesem Kontext wie die Besiegelung einer patrilokalen Ehe. Auch wenn in V4 die Übergabe des Mantels, des besonderen Schwertes des Thronfolgers (vgl. 13,22) und des Gürtels in diesem Kontext der Investitur als Krieger gleichkommt, so hat Thomas Römer[40] bereits darauf hingewiesen, dass der Abschnitt, in dem so viel von Liebe und Anhänglichkeit die Rede ist, in einer Entkleidungsszene endet. Insbesondere das Ablegen des Gürtels, der das letzte Kleidungsstück ist, das man vor dem Ausgehen anzieht, lässt Intimität mitschwingen. Indem David mit dem Gewand und der Ausstattung des Thronfolgers ins Feld zieht und dabei sehr erfolgreich ist (18,5–7), wird öffentlich, dass Jonatan sein Leben wie seine Position mit ihm teilt.

Im Laufe desselben Kapitels erfahren die Lesenden, dass auch Jonatans Schwester Michal David liebt (V28) und sie ihm zur Frau gegeben wird. Spätestens mit dieser Notiz ist heutigen Menschen klar, dass die Rede von Homosexualität in der Bibel anachronistisch ist, da die sexuelle Orientierung eines Menschen kein Thema war. Aber Menschen führten offensichtlich Beziehungen mit beiden (oder mehreren) Geschlechtern. Drei Verse nach der Heiratsnotiz mit der Königstochter wird als Kontrapunkt wieder das Verhältnis Jonatans zu David betont:

---

[40] Römer, Homosexualität, 59.

Und Jonatan, der Sohn Sauls, hatte überaus großen Gefallen an David. (19,1)

Die Stellung der Notiz ist auffällig, wenngleich dies mit ḥpṣ, „gefallen", ausgedrückt wird, ein Wort, das ähnlich wie Davids Aussage von 20,3, dass er in Jonatans Augen Wohlwollen (ḥen) gefunden habe, nicht spezifisch nur auf Erotik verweist.

Den Bund, den die beiden Männer nach 18,3 miteinander geschlossen haben, weiten sie in dieser kritischen Abschiedssituation auf ihre Nachkommen aus (20,8.42). Als Schwurgarant setzt Jonatan ihre gegenseitige Liebe in deutlicher Aufnahme des Bundesschlusses bei ihrer ersten Begegnung (18,3) ein:

> Und Jonatan fuhr fort, um David schwören zu lassen bei seiner Liebe (bᵉʾaḥᵃbato) zu ihm,
> denn als Liebe seines Lebens liebte er ihn (ki ʾaḥᵃbat nafšo ᵃhebo). (20,17)

Der Bund zwischen ihren beiden sich durch die Willkür des Vaters trennenden Häusern ist zwar ein politischer Vertrag, aber dieser wird aufgrund der Zuneigung der beiden jungen Männer geschlossen. Als dann deutlich wird, dass Saul David tatsächlich nach dem Leben trachtet, was Jonatan lange Zeit nicht für möglich hält, trifft sich das Paar wie abgesprochen noch einmal. David wirft sich in tiefer Anerkennung der Lebensrettung durch Jonatan dreimal zur Erde nieder und fällt ihm zu Füßen:

> Und einer küsste den anderen und einer weinte mit dem anderen – David am heftigsten. (V41)

Beiden ist offensichtlich bewusst, dass dies wahrscheinlich ein Abschied für lange Zeit oder gar für immer sein wird. Als David sich vor Saul verbergen muss, sucht Jonatan ihn heimlich auf und tritt gleichsam die ihm gebührende Thronfolge an David ab; beide besiegeln dies durch einen weiteren Bund vor JHWH (23,17f.). Danach werden die beiden erzählerisch erst nach dem Tode Sauls und seines Sohnes wieder zusammengeführt. Im Trauergesang steht David immer noch zu seiner Liebe zu Jonatan, die von der Lebensspanne her gesehen kurz und heftig war, aber sogar über den Tod hinaus Bestand hat.

VI. Enttäuschte Erwartung – schwindendes Begehren – mühsames Eheleben

So wie Liebesehen keine Garantie für ein lebenslanges gutes Eheleben und auch nicht für erfüllt gelebte Sexualität sind, genauso wenig müssen arrangierte oder polygyne Ehen per se unglücklich sein. Auf Dauer macht sich aber in fast jeder sexuellen Beziehung auch einmal die Routine breit und Alltagsprobleme nehmen überhand. Wer da nicht früh genug gegensteuert, landet unvermeidlich in schwindender Anziehung sowie gewohnheitsmäßiger Gemeinsamkeit mit Sand im Getriebe und schließlich in abweisender Distanzierung oder gar Gleichgültigkeit. Im AT sind es einerseits Sprichwörter und Weisheitslehren, andererseits Erzähldetails, die auf solche Situationen hinweisen.

1. Der großen Erwartung folgt die große Ernüchterung

Eine Hochzeit ist ein freudiges Fest, allein die siebentägigen Feiern, auf die in Texten Bezug genommen wird, weisen darauf hin (z. B. Gen 29,27; Ri 14,12). Junge Menschen gehen normalerweise bis heute mit großen Erwartungen auf ein sich erfüllendes Glück und auf ein freudvolles Sexualleben in die Ehe. Das wird bei arrangierten Ehen in der Regel auch nicht anders gewesen sein – es sei denn, man wurde gegen oder ohne den eigenen Willen verheiratet. Die in Relation hohen Scheidungszahlen bereits nach den ersten Ehejahren zeigen, dass es auch heute, obwohl niemand mehr heiraten muss, um ein legales Geschlechtsleben zu führen, ein hohes Enttäuschungspotenzial nach der Heirat gibt. Um wieviel größer mag dieses im AO gewesen sein, in dem von den Eltern angebahnte Ehen die

Regel waren und junge, sexuell häufig unerfahrene Leute sich vor der Trauung nicht näher kennenlernen konnten.

Ein solcher Fall liegt offenkundig bei Rebekka in Gen 24 vor. Die arrangierte Ehe, für die die junge Frau sich selbstbestimmt entscheidet (V58), führt sie auf Nimmerwiedersehen aus ihrem Geburtsland hinaus in ein ihr unbekanntes Land, in dem sie ihren Kreuzcousin heiraten wird (vgl. V58–67). Dieser Entschluss und der Segen ihrer Familie stellt sie in eine Linie mit ihrem künftigen Schwiegervater Abraham (vgl. 12,1–4 und 24,58.61 sowie 22,17 und 24,60), an dessen Aufbruch eine multiple Segenszusage hing. Die erste Begegnung mit dem Bräutigam verläuft allerdings offenkundig anders als erwartet: Kein großes Fest und keine große Bewirtung, wie der zur Brautschau entsandte Knecht sie in ihrem Elternhaus genießen konnte, keine große Hochzeit mit vielen Leuten, die die Braut damit in ihrer Gemeinschaft willkommen heißen, sondern eine seltsam karge Aufnahme bei einem Mann, der – so macht es den Eindruck – allein in der Wüste, offenkundig im Zelt seiner soeben verstorbenen Mutter lebt. Als Rebekka den einsamen Mann im vegetationsarmen Negeb in der Abenddämmerung antrifft, fällt (*npl*) sie vom Kamel.[41] Die jüdische Tradition deutet diese doch auffällige Reaktion der jungen Braut als Folge des Schreckens, der sie befällt, als sie den von der *Aqedah*, von seiner Bindung (vgl. Gen 22), gezeichneten Isaak sieht. Im Kontext der Brautschau-Erzählung von Gen 24 könnte der Schrecken jedoch auch daher kommen, dass sie aufgrund der überaus reichen Brautgeschenke (V22.53) ein luxuriöses neues Heim erwartet hätte und sich nun herausstellt, dass sie fernab der Zivilisation in einem nicht einmal neuen Zelt wird leben müssen. Isaak sucht bei Rebekka vorrangig Trost für den Verlust seiner Mutter, keine ungetrübten Liebesfreuden mit seiner jungen Braut. Weil sein Schmerz über Saras Tod besänftigt wird, gewinnt er seine Frau lieb (V67), nicht weil er sie begehrt und mit ihr das Leben wieder genießen kann. Rebekka, die in der Erzählung von Gen 24 als quirliger Teenager gezeichnet wird, verstummt in dieser kargen Szene – als ob es ihr die Rede verschlagen hätte.

---

[41] Siehe Marianne L. Frettlöh, Isaak und seine Mütter, in: EvTh 54 (1994), 427–452.

Das Ehepaar lebt in der Folge nicht miteinander, sondern seltsam nebeneinander, wenn sie allein geht, um Gott wegen ihrer Schwangerschaftsbeschwerden zu befragen (25,21–26), und am Lebensende ihren Ehemann gezielt täuscht, um ihren Lieblingssohn in die legitime Erbfolge zu hieven (25,28; 27,5–17). Die Erzählungen über dieses Paar der zweiten Generation der Erzeltern vermitteln den Eindruck einer starken Frau an der Seite eines schwachen Mannes, der seine entscheidungsfreudige Frau gleichwohl liebt.

Von massiver Enttäuschung einer Frischvermählten erzählt auch Ri 14. Der Text lässt keinen Zweifel daran, dass die junge (namenlose) Philisterin aus Timna, auf die das Auge Simsons fällt, nur deswegen geheiratet wird, damit er in die philistäische Gesellschaft aufgenommen wird und er diese massiv provozieren und spalten kann (V4). Die Hochzeitswoche, die für das Brautpaar ein Schwelgen in Fest und Freude bedeuten sollte, wird für die junge Ehefrau zum völligen Desaster. Sie wird von ihren eigenen Leuten massiv unter Druck gesetzt, die Lösung des Rätsels, das Simson den Hochzeitsgästen stellte, von ihrem Angetrauten zu erfahren. Die Drohung, das Hochzeitshaus samt seinen Bewohnern in Brand zu setzen, lässt sie die ganze Festwoche hindurch weinen (V17).

Mit ihrer Anschuldigung, dass Simson sie nicht liebe, sondern vielmehr hasse (V16), liegt sie wohl richtig. Denn die Ehe entwickelt sich auch nach Mitteilung der Lösung am letzten Tag der Hochzeitswoche (V18f.) zur Katastrophe. Da dem Brautvater klar wird, dass die Ehe nur geschlossen wurde, um gezielt Streit zu suchen, gibt er seine Tochter ohne Zustimmung des Brautpaars am Ende der Flitterwoche dem Hochzeitsgast, der die Brautschau für Simson bewerkstelligte, zur Frau. Was die eigenen Volksgenossen drohten, ihr und ihrem Elternhaus anzutun (V15), wird traurige Realität, als Simson sich für die Zwangsscheidung damit rächt, dass er die erntereifen Felder der Philister niederbrennt und diese sich sodann an jener Familie rächen, die Simson Eingang in ihre Gesellschaft verschafft hatte (15,1–8). Die Frau aus Timna war nie begehrte Braut, die Hochzeit mit ihr bot Simson ausschließlich eine passende Gelegenheit für Terrorakte gegen die Philister.

2. Prägnante Worte – Ehefrust in Sprichwörtern

Eine gute sexuelle Beziehung kann fürs Erste über manche Paarprobleme hinüberretten. Allerdings funktioniert geschlechtliche Liebe nicht auf Dauer als Kitt von Differenzen. Bevor Beziehungen tatsächlich in die Brüche gehen und die Konsequenz der Trennung gezogen wird, erdulden viele Paare eine mehr oder weniger lange Zeitspanne der Frustration, die sich graduell von mangelnder Aufmerksamkeit und Unhöflichkeiten bis zu grobem verbalen Umgang und teils auch körperlichen Aggressionen ausweiten kann. Häufig steckt dahinter auch der Kampf um die Dominanz in der Beziehung. Gerade Sprichwörter bringen solchen ehelichen Kleinkrieg mit knappen, aber wohlerwogenen Worten auf den Punkt – allerdings fast immer aus der Sichtweise der Männer, von denen ja auch der Großteil der Texte stammt.

Wenn in einer Ehe nicht mehr an einem Strang gezogen wird, geht es wie mit einem wankenden Ochsenjoch vorwärts (Sir 26,7), die Furchen werden schlingernd und gleichzeitig zu seicht für keimenden Samen. Wo man sich nicht gegenseitig unterstützt, hat ein Mann schlaffe Hände, wankende Knie und wird depressiv (Sir 25,23). Sogar im Kreis seiner Freunde kann er nicht abschalten, sondern muss ständig unwillkürlich seufzen (Sir 25,18).

In Sir 25,13 hängt ein Mann noch an seiner Frau, denn die seelischen Wunden, die sie ihm zufügt, tun ihm noch weh: „Jede Wunde, nur keine Herzenswunde! Und jede Bosheit, nur keine Frauenbosheit!" (vgl. auch Sir 25,19.23). Ähnlich ist die Situation, wo Frauen ihre Männer mit Eifersucht verfolgen (vgl. Sir 26,6), schwierig die offenkundig polygyne Ehesituation, wenn eine Verschmähte geheiratet wird oder eine Sklavin plötzlich den Platz ihrer Herrin einnimmt (Spr 30,23). Erzählerisch ist dafür die Hagar-Erzählung aus Gen 16,1–6 als treffendes Beispiel zu nennen.

Die Vorstellung, dass Frauen nicht nur aufs Wort gehorchen, sondern auf jeden Fingerzeig und jeden Augenaufschlag des Ehemannes zu achten hätten (Sir 25,26), deutet für uns heute gerade auf keine gute Ehe, sondern auf einen despotischen Haustyrannen. Dass die Realität aber gleichzeitig auch ganz anders aussehen konnte, wird durch einen Spruch in unmittelbarem Kontext deutlich:

> Wie ein sandiger Aufstieg für die Füße eines alten Menschen,
> so eine ununterbrochen redende Frau für einen stillen Mann
> (Sir 25,20).

Zweimal sogar ist das Sprichwort überliefert:

> Besser in der Ecke des Flachdachs wohnen
> als mit einer zänkischen Frau im gemeinsamen Haus
> (Spr 21,9; 25,24).

Die kontinuierlich Zankende und Streitende wird auch mit einem undichten Dach bei Regen verglichen (Spr 19,13; 27,15). Laut Spr 21,19 ist sogar die Wüste ein besserer Wohnort als das dauerhafte Zusammenleben mit einer solch mühsamen Frau. Entsprechend den Sprichwörtern, die eine gute Frau als Gabe JHWHs preisen, findet sich auch die gegenteilige Aussage, nämlich dass jene, denen JHWH zürnt, auf das Wort einer fremden Frau hereinfallen, was mit einem Grab in einer tiefen Grube verglichen wird (Spr 22,14).

In Verachtung für die eigene Frau sind die Gefühle dort umgeschlagen, wo die Glückserwartungen von einer schönen Frau ohne Feingefühl enttäuscht wurden: Spr 11,22 vergleicht sie mit einem goldenen Ring im Rüssel eines Schweines.

Wohl nur mehr zu ertragen, aber nicht mehr zu retten, sind Ehen, wenn die Metaphorik ins Bedrohliche abgleitet. Wer bekennt, dass er es vorzöge, mit Löwen und Drachen zusammen zu hausen als mit einer bösen Frau (Sir 25,16), die stets wie ein Skorpion reagiere (Sir 26,7), hat den Kampf um die Dominanz in der Beziehung wohl verloren (vgl. auch Sir 9,2). Vollends verbittert und misogyn eingestellt ist, wer nur mehr Negatives über Frauen generell zu sagen weiß (vgl. Sir 42,12–14).

Allerdings ist auch zu fragen, warum Frauen ein verbittertes Antlitz bekommen und das Gehabe einer Bärin annehmen (Sir 25,17). Sie selbst würden wohl von sich sagen, dass ihnen der Ehefrust ins Gesicht geschrieben steht. Aber Frauen kommen bekanntlich bei diesen Sprichwörtern kaum ausdrücklich zu Wort. Es könnte aber durchaus sein, dass Textpassagen wie Spr 14,17–23; 22,13; 25,28; 26,13–16 aus Frauenmund stammen. Dann würden Ehefrauen vorerst versuchen, durch die Gegenüberstellung von Positivem und Negativem dem Mann einen Weg zur Besserung zu zeigen, wenn dieser zu Jähzorn, zum Großreden und mangelndem Handeln neigt oder schlichtweg faul ist und keine Selbstbeherrschung zeigt. Dass dies gar nicht so abwegig ist, zeigt manches Spruchgut, das ganz nebenbei Einsicht in tatsächliche Lebensverhältnisse der Zeit gibt, wenn etwa Sir 25,22 es als Schande darstellt, wenn eine Frau ihren Mann und ihre Familie ernährt oder, wohl besser gesagt, ernähren muss, da er dazu nicht fähig oder zu bequem ist. Spr 31,10–31 setzt genau diese Situation ins Bild, allerdings mit völlig anderer Bewertung: Die sprichwörtlich fähige Frau, die Tag und Nacht arbeitet (V18), wird gerade deswegen gepriesen, weil sie einen Großbetrieb managt, und ihr Mann, der gerade deswegen geachtet wird, daher ruhig im Tor sitzen kann (V23). Diese Prinzessinnenunterweisung lehrt allerdings auch eine Königin, die davon überzeugt ist, dass der Ruhm solcher Frauen in die Öffentlichkeit dringen soll (V31) und der Platz im Tor, wo im Kreis der die Familien vertretenden Patriarchen die Entscheidungen für die örtliche Gemeinschaft fallen, eigentlich der Frau gebühren würde.

Zwiespältig in der Bewertung sind die misogynen Aussagen im Buch Kohelet. Da – wie in Kap. 5 gezeigt – für Kohelet an anderer Stelle jedoch ein erfülltes Leben auch darin besteht, mit einer Frau glücklich zu sein, legt sich für die frauenfeindlichen Aussagen die bereits im jüdischen Mittelalter postulierte „Zitatentheorie" nahe.[42] Sie nimmt an, dass Kohelet Meinungen anderer aufgreift und sich mit ihnen in nicht gekennzeichneten Zitaten auseinandersetzt. Dabei geht es vor allem um den Abschnitt 7,26–29, in dem die These vertreten wird, dass die Frau bitterer als der Tod sei (V26) und man unter Tausenden zwar einen Menschen, aber keine Frau fände (V28).

---

[42] Siehe Diethelm Michel, Qohelet, Darmstadt 1988, 27f.

3. Erzähldetails zu problematischem Eheleben

Erzählungen im AT sind nie einfach am Liebesleben von Paaren interessiert. Selbst wenn es thematisiert wird, stehen derlei Details im Interesse anderer Fokussierungen. So ist den Erzeltern-Erzählungen an der Verwirklichung und Weitergabe der göttlichen Verheißungen gelegen,[43] und bei den Erzählungen um die Anfänge des Königtums geht es nicht um ein erfülltes Sexualleben der ersten Regenten, sondern um dynastisch-politische Interessen, die zudem theologisch bewertet werden. Einigen solcher Erzähldetails soll im Folgenden nachgegangen werden.

Szenen einer schwierigen Ehe unter der Verheißung

Bereits die allererste Notiz über das Paar *Abram und Sarai* in Gen 11,29f. betrifft ihre sexuelle Beziehung: Die Frau ist unfruchtbar. Als gegenläufiger Erzählfaden dazu werden die Notizen von der Schönheit der Ahnfrau eingewoben (12,11.14), die dazu führt, dass sie von fremden Männern begehrt wird. Nach der kanonischen Anordnung der Texte folgen diese beiden Notizen bezüglich Sarai direkt aufeinander. Ihre Schönheit macht dem Ehemann Angst, als er – ohne Rücksprache mit seinem Gott zu halten – anlässlich einer Hungersnot das ihm soeben verheißene Land verlässt und Richtung Ägypten zieht. Kaum befindet er sich auf dem Weg aus dem Land, fürchtet er, dass ihm die Schönheit seiner Frau zum Verhängnis werden könnte, da man ihn töten werde, um an sie heranzukommen. Sein Vorschlag, sie solle sich als seine Schwester ausgeben, damit man ihn verschonen möge, hat eine klare Konsequenz: Er negiert die eheliche Verbindung, um die Frau für andere sexuell verfügbar zu machen. Als Schwester kann er, der vermeintliche Bruder, sie verheiraten – was dann auch geschieht: Der Pharao ist bereit, einen königlichen Brautpreis

---

[43] Siehe zum Folgenden Irmtraud Fischer, Gottesstreiterinnen, Stuttgart [4]2013.

für Sarai zu bezahlen, den er an den Bruder übergibt, als er sie in sein Haus aufnimmt (V16). Abrams Komplott geht also auf, allerdings sind die Ägypter durchaus nicht sexuell haltlos, so wie er sich das in seinen Ängsten ausgemalt hatte. Nach V14 sehen die Ägypter die Frau und stellen fest, dass sie nicht nur schön, sondern sogar *sehr* schön ist. Keiner der Männer kommt jedoch auf die Idee, die Frau an sich zu reißen oder ihr Gewalt anzutun. Solche Schönheit gebührt nur dem Höchsten im Staate, dem man die Frau allerdings auch erst rühmen muss, damit er sie für seinen Harem begehrt (V15) und sie unter Einhaltung aller Konventionen zur (weiteren) Ehefrau nimmt.

Juristisch gesehen geht es also um gezielt eingefädelten Eheschwindel, der nicht anders als im Ehebruch enden kann. Was die Frau von dieser List hält, wird mit keinem Wort erwähnt. Aber die Formulierung der Lüge ist verräterisch, denn Abram weist seine Frau an: „Sag doch, du seist *meine* Schwester!" Hier geht es ausschließlich um seine Perspektive auf das Problem – nicht auch um ihre, denn dann müsste es heißen: „Er ist mein Bruder!" Erzählfiguren, denen keine Rede und auch keine Reaktion zugebilligt wird, präsentiert hebräisches Erzählen als Opfer. Sara bekommt keine Möglichkeit des Einwands, mit ihr wird verfahren, sie wird von ihrem eigenen Mann als Ehefrau preisgegeben und – um noch anrüchiger zu werden – er wird dafür auch noch bezahlt.

Definitiv nicht einverstanden mit dieser Lösung ist die Gottheit Israels, JHWH. Er schlägt den Pharao mit schweren Plagen, durch die dieser offenkundig darauf aufmerksam wird, dass er eine fremde Ehefrau im Harem hat. Mit der klassischen Rechenschaftsforderung richtet er sich nicht an die Frau, sondern an den Mann, der das Desaster verursacht hat (V17), bezichtigt ihn einerseits der Schuld, ihn in diese Situation der „großen Sünde" gebracht zu haben (V18), andererseits gibt er ihm sofort die Frau zurück (V19) und lässt die beiden in Schubhaft über die Grenze bringen (V20).

Diese problematische Strategie der Verschleierung der Ehebeziehung wählt der Patriarch nach der Anordnung des biblischen Textes jedoch im Alter noch einmal, als er ins Herrschaftsgebiet der Philister zu Abimelech zieht (Gen 20). Während es in Gen 12,10–20 zwar nicht ausdrücklich gesagt wird, die Reaktion Pharaos aber darauf schließen lässt, dass die Ehe mit Sara vollzogen wurde, wird in dieser Version, in der Sara vom Erzählkontext her bereits alt ist, explizit festgestellt, dass der fremde König ihr nicht zu nahe gekommen ist (20,6). Um jeglichen Verdacht auszuschließen, dass das lebenslang erwartete Kind Saras, das im Jahr darauf geboren wird, nicht von Abraham, sondern von Abimelech stammen könnte, wird unmittelbar vor der Schwangerschafts- und Geburtsnotiz (21,1–7) festgestellt, dass Gott selbst jeglichen Mutterschoß im Hause des fremden Königs so lange verschlossen habe, bis Sara zu ihrem Ehemann zurückgekehrt war (20,17f.).

Diese Version der Geschichte, die jeglicher Erotik entbehrt, entfaltet ihren Skandal nicht in einem (potenziellen) Ehebruch, sondern aufgrund ihrer Stellung im narrativen Zusammenhang zwischen der Ansage der späten Geburt eines Kindes für Sara (18,9–15) und der Erfüllung dieser Verheißung in dessen Geburt (21,1–7) und führt damit die beiden oben erwähnten Erzählfäden zusammen. In den Preisgabe-Erzählungen löst jeweils der Patriarch das Problem der Angst um sein eigenes Leben, indem er sich von seiner Frau trennt. Sie muss die Konsequenzen tragen, damit es ihm auf ihre Kosten gut geht (12,11f.16).

Der Erzählstrang um die Lösung des Problems der Unfruchtbarkeit der Ahnfrau funktioniert seitenverkehrt dazu. Als nach Fortschreiten der Zeit Sarai merkt, dass sie kein Kind mehr bekommen wird, und dies, je länger der Zustand andauert, umso mehr auch zur Belastung wird (vgl. 15,2), befiehlt sie ihrem Mann zu ihrer Sklavin zu gehen, um durch Leihmutterschaft zu einem Kind zu kommen (16,1f.). So wie in der Preisgabe-Erzählung Sara stumm das tut, was der Ehemann will, führt dieser nun aus, was die Ehefrau will: Er schläft mit Hagar, die umgehend schwanger wird. Weil sie eine Sklavin ist, muss sie dafür nicht einmal um ihr Einverständnis gefragt werden. Sie kann gesetzeskonform gleichsam als benutzbare Sache behandelt werden. Als Hagar aber merkt, dass sie fruchtbar ist, verliert ihre unfruchtbare Herrin bei der Sklavin an Ansehen. Das löst den sprichwörtlichen Konflikt nach Spr 30,23 aus, bei dem – aufgrund der mangelnden Unterstützung des Kindesvaters – die Sklavenhalterin die Oberhand behält (Gen 16,5f.). Die Sklavin erträgt dies jedoch nicht und begeht daher das todeswürdige Verbrechen der Sklavenflucht.

Die älteste Version der Hagargeschichte ist eine Befreiungserzählung, in der der Bote JHWHs Mutter und Sohn in die Freiheit entlässt (V7f.11–14). Als die Geschichte noch ein zweites Mal als „Generalprobe"[44] zu Gen 22 erzählt werden soll, wird in 16,9 der Rückkehrbefehl eingefügt, bei dem der Engel gemäß den ao. Sklavengesetzen handelt und Hagar zu ihrer Herrin zurückschickt. Als diese jedoch schließlich selbst einen Sohn gebiert, muss die Magd als potenzielle Gebärerin weiterer Söhne samt deren Sohn, dem als Erstgeborenem Abrahams das Haupterbe zusteht, vertrieben werden. Der Vater tut dies auf Wunsch seiner Ehefrau. In einer kleinen Notiz (die vermutlich ein späterer Einschub ist) wird festgestellt, dass Abraham dies leidtue. Aber nun muss er das Problem seiner Frau lösen, ganz so wie er sie gezwungen hatte, seines zu lösen – Szenen einer nicht sonderlich glücklichen Ehe unter der Verheißung ...

Während der betagte Patriarch mit seinem einzigen Sohn Ismael, den er als Erstgeborenen und damit Haupterben anerkennt, zufrieden ist (16,15f.; 17,18), besteht Gott jedoch darauf, dass der Verheißungssohn von Sara kommen muss (17,16–19; 18,10): Ein Hundertjähriger soll mit einer Neunzigjährigen ein Kind zeugen (17,17) – in einem Alter, in dem sowohl die Libido als auch die sexuelle Potenz beider erloschen sind (18,11f.). Diese Ankündigung nötigt beide Ehepartner zu einem Lachen (17,17; 18,12), das dann auch dem Spätgeborenen seinen Namen Isaak verleiht: Er ist das Kind, das beide lachen machte (21,6). Dieses Lachen, das aufgrund der Diskussion zwischen Sara und JHWH in Gen 18,12–15 in der Exegesegeschichte manchmal auch so gedeutet wurde, dass Sara sich der späten Geburt aufgrund des Offenbarwerdens von gelebter Sexualität im hohen Alter schämen würde, ist in V11f. bei Sara sicher ein Schmunzeln über das hohe Alter beider Eheleute, von dem sie meint, der Gast wüsste darüber nicht Bescheid. Als jedoch in V14 als eigentlicher Verursacher der Schwangerschaft JHWH ins Spiel kommt, weicht Saras Lachen dem Glauben und sie

---

[44]   Erhard Blum, Die Komposition der Vätergeschichte, Neukirchen-Vluyn 1984, 314.

leugnet, gelacht zu haben (V13–15). Die antiquierte christliche Ansicht, dass Sex im Alter peinlich sei, lässt sich nur daran festmachen, dass Sexualität nicht als intensives Ausdrucksmittel der Liebe und des gemeinsamen Lebens verstanden wird (vgl. die Konzeption von Gen 2*), sondern ausschließlich zur Reproduktion von Nachkommenschaft diene. Die Hebräische Bibel ist von solchen Vorstellungen meilenweit entfernt. Sexualität gehört zum Menschsein und gelebte Sexualität zum Erwachsenenalter dazu, nicht nur zur auf das ganze Leben hin gesehen relativ kurzen fruchtbaren Phase, die bei Frauen noch heute bei bester Ernährung und medizinischer Versorgung meist kaum länger dauert als an die vier Jahrzehnte, während die Lebenszeit vieler Menschen schon an die hundert Jahre herankommt. Das Tabu von Sexualität und körperlicher Nähe ist in der Hebräischen Bibel aber nicht an ein Alter gebunden, sondern vielmehr an allzu nahe soziale und verwandtschaftliche Verbindungen.

Unerwiderte Liebe

Wie bereits mehrfach betont, sind in Alt-Israel Ehen in eher seltenen Fällen romantische Liebesehen. Der Normalfall ist die arrangierte Ehe zwischen zwei bereits verwandten Familien. In dieses Schema passt exakt die Ehe von *Jakob* und seiner Kreuzcousine *Lea*. Sie wird als die ältere Tochter der von Jakob zur Ehe erwünschten jüngeren Schwester *Rahel* von ihrem Vater vorgezogen (Gen 29,9–30). Da Jakob als mittelloser Flüchtling bei Laban ankommt, kann er keinen Brautpreis bieten – außer sieben Jahre Arbeitskraft, die er willig ableistet. Als er danach die Heirat einfordert, betrügt ihn der Schwiegervater, indem er ihm die falsche Braut unterjubelt. Im Kontext der Jakobserzählungen ist dies eine literarisch überaus gekonnte Motivumkehr: Er, der jüngere Sohn, gab sich beim Sterbesegen seines Vaters als der Ältere aus (vgl. Gen 27); nun betrügt ihn der Vater seiner Braut, indem er die ältere Tochter als die jüngere ausgibt. Die Betrogenen in beiden Erzählungen merken die Übervorteilung erst, als es zu spät ist: Der Vater Isaak kann den Segen nicht zurücknehmen, und Jakob die bereits vollzogene Ehe nicht annullieren. Der Protest bei Laban hilft ihm nur insofern, als er seine erwünschte Rahel nach der Brautwoche mit Lea zusätzlich zur Ehefrau bekommt, jedoch weitere sieben Jahre Arbeit für den Brautpreis leisten muss.

Was es für eine Ehe bedeutet, wenn man sie absolut nicht gewollt hat, wird im weiteren Verlauf der Geschichte dargelegt. Jakob liebt Rahel mehr als ihre Schwester (29,30), ja, JHWH sieht sogar, dass Lea „gehasst" (*sn'*) wird (V31). Dennoch schläft Jakob mit ihr, und JHWH „öffnet ihren Mutterschoß", während er an der geliebten Rahel nicht handelt und sie daher unfruchtbar ist und bleibt. Der Abschnitt vom Werden der Großfamilie Jakobs, die die Söhne Israels ins Dasein bringt (29,31–30,24), kann auf der Erzählebene auch als Drama einer polygynen Ehe gelesen werden: Jakob liebt Rahel (29,11.18.20.30) und nur sie, findet sich aber aufgrund des Betrugs des Schwiegervaters in einer Ehe mit zwei Schwestern und später auch noch mit deren Sklavinnen als Leihmütter wieder. Der Mann muss also die klassischen Ehegüter Nahrung, Kleidung und Beischlaf (vgl. Ex 21,10) für vier Frauen bereitstellen. Die verhasste Frau ist die fruchtbare, die so sehr geliebte die unfruchtbare, jede der Frauen begehrt das, was die andere hat: Lea dürstet nach der Liebe und Zuwendung ihres Mannes, und Rahel will unbedingt Kinder. Lesende werden Zeugen eines handfesten Ehestreits zwischen Jakob und Rahel (30,1f.), in dem sie von ihm Kinder fordert, andernfalls sie sterben müsse. Er weist daraufhin als Vater von bereits vier Söhnen mit Lea jegliche Schuld für ihre Kinderlosigkeit von sich und sieht sich auch nicht an Gottes Stelle, der ihr Fruchtbarkeit versage (V2). Als Ausweg nimmt sie zur ao. Rechtsinstitution des stellvertretenden Gebärens der Sklavin für ihre Herrin Zuflucht und gibt ihm ihre Sklavin Bilha, mit der Jakob umgehend zwei Kinder zeugt, die Rahel als ihre eigenen Söhne anerkennt (30,3–8). Aus dieser kommunikativen Situation kann man schließen, dass Jakob ständig bei Rahel ist und das Paar auch über seine Probleme spricht. Er liebt sie - ob sie ihn liebt, wird nirgends gesagt. Aus der Ehe mit Lea dringt kein einziges Wort nach außen, so als ob es sich um eine stumme, ausschließlich auf Sex konzentrierte Beziehung handle. Lea kann mit ihren Problemen offenkundig nicht zu ihm kommen, macht sie aber insofern öffentlich, als sie ihre ganze

Sehnsucht nach der emotionalen Zuwendung ihres Mannes in die Kindernamen legt: Beim Erstgeborenen hofft sie noch, dass Jakob sie deswegen lieben könnte (29,32), der Zweitgeborene bekommt quasi einen Trotznamen: Gott hat sie erhört, wenngleich ihr Mann sie hasse (V33), der Drittgeborene trägt wieder einen Hoffnungsnamen: bei drei Söhnen müsse der Mann doch anhänglich werden (V34)! Offenkundig zeigt Jakob niemals die erwünschten Emotionen, wenngleich er weiterhin mit ihr schläft. Beim vierten Sohn in Folge bescheidet sich Lea und besinnt sich auf ihre Position innerhalb der Familie als kinderreiche Frau, indem sie Gott den Dank abstattet und die Hoffnung auf die Liebe ihres Mannes fahren lässt (V35). Wenn es als Abschluss dieser Geburten heißt, dass sie still stehe im Gebären, dann heißt das nicht, das Lea plötzlich unfruchtbar wird, sondern es macht deutlich, dass sich Jakob nach der Zeugung von vier Söhnen mit seiner ungeliebten Frau zu keiner sexuellen Begegnung mehr verpflichtet fühlt.

Vollends klar wird dies durch die Episode um die als Aphrodisiakum verwendeten Alraunen, die Leas Erstgeborener auf freiem Feld findet und seiner Mutter nach Hause bringt (30,14–21). Als Rahel, deren Kinderwunsch zwar durch die stellvertretenden Geburten vorerst befriedigt, nicht jedoch vollends gestillt ist, die Alraunen sieht, hofft sie, durch diese auch als Arzneien genutzten Pflanzen schwanger zu werden und will sie ihrer Schwester Lea abluchsen. Diese jedoch protestiert heftig, da die Schwester ihr doch schon den Ehemann genommen habe und jetzt auch noch die Objekte des Liebeszaubers haben wolle. Als Rahel jedoch den realen Kaufpreis einer Nacht mit ihrem Mann anbietet, willigt Lea ohne Umschweife ein, geht Jakob, als er am Abend vom Feld heimkehrt, entgegen und verkündet dem Patriarchen triumphierend, dass sie ihn für eine Nacht gekauft habe. In polygyner Ehe wird hier mit männlicher Sexualität gehandelt wie mit jener von Prostituierten. Jakob erwidert kein Wort, sondern folgt Lea, die von dieser neuerlichen Begegnung umgehend schwanger wird. Sie deutet wiederum mit der Wahl des Kindernamens, dass die abermalige Geburt als Lohn dafür zu verstehen sei, dass sie ihre Sklavin Silpa als Leihmutter zur Verfügung stellte (V18). Jedenfalls schläft Jakob ab diesem Zeitpunkt wieder mit Lea. Erst beim sechsten Sohn bringt sie die Gottesgabe mit der Hoffnung auf die dauerhafte Zuwendung Jakobs in Verbindung (V19f.). Als siebtes Kind gebiert Lea schließlich die Tochter Dina, wodurch sie zur sprichwörtlich kinderreichen Frau wird (vgl. 1 Sam 2,5).

Nur Lea kommentiert diese Ehe, an der ihr, nicht jedoch ihrem Mann, viel gelegen ist, ein Leben lang. Jakob äußert sich nie dazu – außer beim Protest gegen den Heiratsschwindel in Gen 29,25. Nicht einmal zu den Geburten von insgesamt sechs Söhnen äußert sich der Patriarch. Dies tut er allerdings auch bei den Geburten seiner Lieblingsfrau Rahel vorerst nicht: Die Frauen erstreiten sich das Volk in ihrem Gebärwettstreit, wie er sich das Land bei seiner Rückkehr wird erstreiten müssen (vgl. 32,23–33); die Gottesstreiterinnen (vgl. 30,8) und der Gotteskämpfer (32,29) erwerben durch ihre Vitalität die beiden Verheißungsgüter Volk und Land, die beide den Namen Israel tragen. Als jedoch Rahel bei der Geburt ihres zweiten Sohnes stirbt (35,16–20), ergreift Jakob deutend das Wort und benennt seinen Sohn, in den die Mutter ihre ganze Lebenskraft gelegt hatte und ihn daher Ben-Oni, „Sohn meiner Potenz",[45] nannte, in „Sohn der Rechten" um: Rahel blieb offenkundig lebenslang die einzige richtige und geliebte Frau ihres Mannes.

Einen weiteren Fall von bloß einseitiger Liebe durch die erste der Ehefrauen kann man bei *David* diagnostizieren. *Michal*, die jüngere Tochter König Sauls, wird im Erzählverlauf sogar noch vor David, ihrem späteren Ehemann und König, eingeführt (1 Sam 14,49). Von ihr wird erzählt, dass sie David liebt (18,20) – womit sie die einzige Frau im gesamten AT ist, von der explizit gesagt wird, dass sie einen Mann liebt. Im AT lieben üblicherweise die Männer, nicht die Frauen, was wohl dem androzentrischen Blickwinkel der Texte geschuldet ist. Der Kontext der Notiz ist allerdings in Anbetracht der Erzählung um Rahel und Lea bemerkenswert, denn in V17–19 wird erzählt, dass Saul dem gegen die Philister siegreichen David seine ältere Tochter Merab zur Ehe verspricht, sie jedoch dann einem anderen zur Frau gibt. Dem auf den erfolgreichen jun-

---

[45] Siehe Stefanie Schäfer-Bossert, Den Männern die Macht und der Frau die Trauer?, in: Hedwig Jahnow u. a. (Hg.): Feministische Hermeneutik und Erstes Testament, Stuttgart 1994, 106–125.

gen David eifersüchtigen alten König kommt die Liebe der jüngeren Tochter aber gerade recht, denn er fordert für sie als Brautpreis hundert Philistervorhäute (V25). Saul hofft, dass sein Rivale um die Gunst des Volkes den zur Erlangung des *Mohar* nötigen Kampf nicht überlebt. David jedoch legt ihm nicht nur hundert, sondern die doppelte Anzahl an Beschneidungstrophäen vor (V27), woraufhin Saul ihm die Königstochter geben muss.

Michal schließt damit eine Liebesehe. Sie steht mit ihrer Liebe jedoch in mehrfach betonter Konkurrenz zu ihrem Bruder Jonatan, von dem bereits bei der ersten Begegnung mit David von Liebe auf den ersten Blick erzählt wird (V1). Drei Verse nach der Heiratsnotiz mit Michal (V27) wird abermals betont, dass auch der Bruder überaus großen Gefallen an David gefunden habe (19,1). Dass David diese Liebe offenkundig erwidert, das bekennt er später selbst im Leichenlied für Jonatan in 2 Sam 1,26. Die Erzählungen erwähnen nie, dass er auch Michal lieben würde.

Beide in David verliebten Kinder Sauls versuchen ihn jedoch vor den Nachstellungen des Vaters zu retten. Jonatan warnt und informiert ihn mehrmals (1 Sam 19,1–7; 20,1–21,1), Michal verhilft ihm zur Flucht aus dem eigenen Haus (19,11–17) und täuscht die Boten Sauls vorerst, indem sie die Terafim (wohl Hausgötterfigurinen in Menschengestalt) ins Ehebett legt, sie gut zudeckt und behauptet, David sei krank (V13f.). Als die Boten wiederkehren und die Täuschung entdecken, hat David bereits einen großen Zeitvorsprung. Vom Vater zur Rechenschaft gezogen, behauptet Michal, ihr Mann hätte sie mit dem Tod bedroht (V17), wenn sie ihm nicht zur Flucht verhelfe. Dass sie ihren geliebten Mann sehr lange nicht mehr sehen wird, weil ihr Vater zudem eine Zwangsscheidung von ihm vornimmt und Michal einem anderen Mann zur Frau gibt (25,44), scheint in diesem Augenblick noch undenkbar. Aber der Bruch zwischen dem alten König und dem kommenden ist ab diesem Zeitpunkt nicht mehr zu kitten.

Nicht aus Liebe, sondern vielmehr aus Staatsräson fordert David, als er nach dem Tod Sauls und des Thronfolgers Jonatan König wird, Michal als Ehefrau zurück (2 Sam 3,13–16). Wenn David seine erste Ehefrau von Sauls überlebendem Sohn

Ischbaal zurückfordert (V14) und nicht von ihrem neuen Ehemann, dann ist das nur konsequent: Er erkennt die Zwangsscheidung durch den Schwiegervater nicht an und macht nach dessen Tod daher den Bruder als neues Familienoberhaupt der Frau dafür verantwortlich, dass die Trennung rückgängig gemacht wird. Michal wird nicht gefragt, sie gibt weder zum ersten Geschehen der Zwangsscheidung noch zum zweiten der Rückholung einen Kommentar ab. Diesmal ist es aber der neue Ehemann, der sie offenkundig wirklich liebt: Paltiel kann es nicht fassen, dass man ihm seine Frau wegnimmt und begleitet sie auf ihrem Weg zu David unaufhörlich weinend (V16), bis Abner, der mit der Durchführung der dynastiepolitischen Mission beauftragt ist, ihn verjagt und nach Hause schickt. Dem fassungslosen Mann bleibt aber nach der Staatsräson auch nichts anderes übrig als umzukehren.

Wie Ilse Müllner herausgearbeitet hat, wird in den Davidserzählungen der herrschaftslegitimierende Charakter von Sexualität betont,[46] nicht die reproduktive Funktion wie in den Erzeltern-Erzählungen. David braucht die Tochter des gefallenen Königs, um seine Thronfolge zu rechtfertigen. Er will Michal nicht deswegen zurück, weil er sie lieben oder sexuell begehren würde, sondern weil diese seit Jugendtagen bestehende Ehe mit einer Prinzessin ihn als Thronfolger nahelegt. Mit ihr an der Seite ist die Königsherrschaft keine Episode, die mit dem Tod Sauls ihr Ende gefunden hat, sondern wird zur dynastischen Institution.

Diese Sichtweise wird auch durch die letzte Episode, in der Michal eine Rolle spielt, bestärkt. In 2 Sam 3,2–5 erfährt man von sechs Frauen, die David noch vor seiner Übersiedlung nach Jerusalem Söhne geboren haben, in 5,13–16 von weiteren (anonymen) Frauen und Nebenfrauen, die ihm weitere elf mit Namen benannte Söhne und auch (namenlose) Töchter schenkten. Der König hat also weder einen Mangel an Ehefrauen noch an Nachkommen, als er Michal in seinen Harem holt. Die Erzählung in 6,20–23 lässt eher darauf schließen, dass das Eheleben der beiden keine Fortsetzung erfahren hat. Nach der Überführung der Lade nach Jerusalem, die für David die frei gewählte Hauptstadt außerhalb der zugeteilten Stam-

---

[46] Siehe Ilse Müllner, Gewalt im Hause Davids, Freiburg 1997.

mesgebiete nun auch religiös zu einem Zentrum macht, tritt ihm Michal entgegen und stellt ihn zur Rede, dass er sich bei diesem Anlass wie ein Emporkömmling benommen habe. Der Erzähler nennt sie „Michal, die Tochter Sauls" (V20), wodurch ihre königliche Herkunft betont wird, nicht ihre Verbindung zu David. Der aber antwortet ihr ebenso spitzzüngig, wie sie ihn anspricht: Die (kultische) Nacktheit, in der er vor der Lade getanzt hat (ähnlich Frau Weisheit in Spr 8,30), habe der Verehrung JHWHs gegolten, der ihn anstelle ihres Vaters und seines ganzen Hauses – und damit auch an ihrer Stelle – erwählt und zum König eingesetzt habe. Wenngleich er sich vor JHWH und nicht vor den Sklavinnen seiner Untertanen entblößt hätte, stünde er bei diesen jedenfalls in Ehren (2 Sam 6,21f.). So hört sich ein ehelicher Schlagabtausch eines Paares an, das sich nicht mehr begehrt und sich nichts mehr zu sagen hat. Die kurze Abschlussnotiz von V23, dass Michal lebenslänglich kein Kind mehr bekam, ist gewiss nicht als Strafe Gottes zu lesen, sondern vielmehr als Resultat, dass David sich dieser seiner Ehefrau auf immer sexuell verweigert.

Diese letzte Episode, in der von Michal und David erzählt wird, gibt abschließenden Einblick in eine Ehe, die von Seiten der Frau als Liebesehe begann und die für David einen steilen Karriereschub mit hoher Position in der königlichen Familie ermöglichte, von seiner Seite her allerdings wohl nie glücklich war. Der launische Schwiegervater bestimmt für diese Ehe willkürlich die Scheidung und verheiratet seine Tochter abermals, hält sie diesmal jedoch nicht bei Hof. Doch auch bei David wird kein Wort des Bedauerns über seine Zwangsscheidung laut. Als aber der von ihm geliebte Jonatan, der Bruder seiner Frau, stirbt, stimmt David einen langen Trauergesang an (1,17–27). Michal scheint von ihrem Mann nie geliebt worden zu sein. Die letzte Episode zeigt nur noch auf, dass auch ihre eigene Zuneigung zu Ende, die Ehe endgültig zerrüttet ist.

Erloschene Achtung zwischen Ehepaaren

Die Zerrüttung einer Ehe muss noch keine Scheidung nach sich ziehen – im Falle von Michal wäre sie sogar undenkbar, da die Ehe ja aus politischen Gründen aufrechterhalten wird. Aber ein klarer Indikator dafür ist der mangelnde Respekt voreinander. Weil Paare sich aus dem sehr nahen Zusammenleben sehr gut kennen, kennen sie auch die gegenseitigen Schwachstellen, die dann bei Streit zu bevorzugten Angriffsflächen werden. Bei familiären Konflikten um gemeinsame Kinder stellt bis heute die Wahl der Possessivpronomina eine der beliebtesten Gehässigkeiten dar: Wenn es um unerwünschtes Verhalten geht, dann ist es immer das Kind des Partners, wenn es um Gutes geht, immer das eigene. Diese Taktik des kleinen Nadelstichs zeigt sich beim Segen Isaaks über seinen vermeintlichen Lieblingssohn, dem er im Sterbesegen die Sippenlegitimität übertragen will (Gen 27). Dabei definiert er den zu segnenden Sohn über sich selbst („mein Sohn" V27), die Söhne, die diesem untergeordnet sein sollen, jedoch über die weibliche Herkunft („die Söhne deiner Mutter" V29). Die Lesenden wissen freilich über die scharfe Ironie Bescheid, da sie lang und breit in Kenntnis davon gesetzt wurden, dass nicht Esau vor Isaak steht, sondern Jakob, und dass dieser Betrug durch die eigene Ehefrau eingefädelt wurde, die in patriarchaler Familienordnung legitim nicht dazu imstande ist, den nächsten Patriarchen zu bestimmen. Da die Ehe von Rebekka und Isaak ohne Konflikte begonnen hat (Gen 24), ist vom Kontext her zu fragen, ob dieser Wandel zur erloschenen Liebe in der Leugnung der Ehebindung durch Isaak in 26,7–11 begründet liegt. Da es sich bei all den hier besprochenen Beziehungen jedoch um solche literarischer Figuren handelt, ist die Frage wohl nicht zu beantworten; die Erzählenden haben jedenfalls diesen Faden mit eingearbeitet.

Das Erzähldetail der Distanzierung vom eigenen Sohn durch seine Definition über die Mutter wird bei Jonatan in jener Szene, in der Saul erkennt, dass der Sohn mehr an David als am eigenen Vater hängt, noch gesteigert (1 Sam 20,30). Der Vater bezeichnet Jonatan als Sohn einer Widerspenstigen und Rebellischen, der zu seiner eigenen Schande und zur Schande der nackten Scham seiner Mutter David für sich erwählte. Obwohl die Lesenden von dieser Ehefrau nie etwas erfahren haben, wird Sauls Sichtweise der Beziehung zur Mutter seiner Kinder offenbar.

Von einem Ehegespann mit wenig gegenseitiger Achtung wird auch in 1 Sam 25 erzählt. Die Situation erscheint durch die Vorstellung des Paares in V3 schon klar: Abigajil, eine intelligente Frau von schöner Gestalt, ist mit Nabal verheiratet, der seinem Namen alle Ehre macht – er ist roh und bösartig, ein richtiger Tor. Das Erzählte zeigt, dass man nebeneinander und nicht miteinander lebt, denn er informiert sie nicht über wichtige Vorkommnisse im landwirtschaftlichen Großbetrieb und sie ihn nicht über entscheidende Ereignisse (V9–11.18–36). Als Kommunikator zwischen beiden fungiert ein Bediensteter (V14–17), der Abigajil von der kritischen Situation durch Nabals törichtes Betragen informiert. Als Frau von scharfem Verstand weiß sie recht zu reagieren, und es gelingt ihr tatsächlich, das von David geschworene Unheil (V13) aufgrund der Beleidigungen Nabals (V10f.) abzuwenden. Zum Feiern der vollendeten Schafschur braucht der Tor offenkundig nur sich selbst (V36), seine Frau fehlt ihm nicht beim königlichen Mahl, das er für sich allein bereitet hat. Ein Ehepaar, das sich derart auseinandergelebt hat, pflegt keinen sexuellen Umgang mehr. Wenn Nabal auch noch dem Wein zu sehr zuspricht, passt das perfekt in seine Charakterzeichnung. Als weise Frau ist sie sich bewusst, dass es keinen Sinn macht, mit einem Betrunkenen zu diskutieren und bespricht die kritische Lage daher erst am nächsten Morgen mit ihrem stupiden Mann, dem dann allerdings vor Schreck das Herz erstarrt. Sein Tod wird aber ursächlich mit der Gottheit Israels in Verbindung gebracht, der ihn mit einem Schlaganfall schlägt, sodass er einige Tage später stirbt (V37f.). Offenkundig war diese unglückliche Ehe kinderlos, denn Abigajil hält nichts zurück, um die Werbung Davids anzunehmen (V39–42). Dass es sich dabei um eine – so würde man heute dazu sagen – Vernunftehe handelt, ist wohl beiden klar. Sie erhält den Schutz jenes Mannes, dem sie die Fürstenwürde prophezeit hat (V30), er ist mit dieser reichen Ehefrau auf einen Schlag die Versorgungsprobleme seiner Freischärlertruppe los. Außer Kilab, einem gemeinsamen Sohn (2 Sam 3,3), der in der Erbfolge keinerlei Rolle spielt, wird von dieser Ehe nichts mehr erwähnt.

Ein ähnlich erkaltetes, wenngleich weniger konfliktbeladenes Eheverhältnis wird von der Frau von Schunem erzählt

(2 Kön 4,8–37). Ihre Aufmerksamkeit gilt mehr dem Propheten Elischa als ihrem Mann. Sie wird in V8 als „große Frau" vorgestellt, was in den Übersetzungen meist auf materiellen Reichtum eingeengt wird. Sie besteht darauf, dass der Gottesmann nicht nur regelmäßig bei Tisch ihr Gast ist, sondern richtet im ersten Stock auch ein Gästezimmer für ihn ein. Der Plan dazu wird als direkte Rede der (in der gesamten Erzählung namenlos bleibenden) Frau an ihren Ehemann mitgeteilt. Wenn sowohl dessen Antwort als auch die entsprechende Ausführungsnotiz fehlen, so bedeutet das, dass der Wille der Frau keiner Zustimmung bedarf; was sie entscheidet, wird in die Tat umgesetzt (V9f.).

Da der Prophet mit seinem Gefolge kontinuierlich in ihrem Hause absteigt, möchte er sich erkenntlich zeigen. Aber auch er hat ausschließlich die Frau im Blick, dass auch der Mann sein Gastgeber sein könnte, kommt ihm nicht in den Sinn (V11–13). Die überaus gastfreundliche Frau wünscht jedoch keinerlei Gegenleistung, sie ist mit ihrem Leben offenkundig zufrieden. Gehasi, ein Prophetenjünger, erkennt allerdings einen Mangel: Die Frau ist kinderlos. Nun ergeht eine Geburtsankündigung normalerweise zwar immer an die Frau, und so ist es auch hier (V14–17), aber der Mann, der von Gehasi als alt (*zqn*) bezeichnet wird, wird auch in dieser Situation völlig ignoriert. Die Frau wehrt die Ankündigung als trügerische Hoffnung ab – ihr Mann ist wohl impotent. Dennoch wird sie schwanger und gebiert einen Sohn. Danach wird die Zeit der Erzählung gestaucht. Erst als Halbwüchsigen treffen die Lesenden den Knaben wieder bei seinem Vater auf freiem Feld, wo er anscheinend eine Hirnblutung erleidet. Der Vater, der ebenso namenlos bleibt, steht dem Kind nicht bei, sondern weist an, es zu seiner Mutter zu tragen, wo es zu Mittag in ihren Armen stirbt (V18–20). Ohne ihren Mann vom Tod seines Sohnes zu informieren, legt sie den Leichnam ins Prophetenzimmer, sperrt es ab und weist ihren Mann an, einen der Bediensteten und eine Eselin zu schicken. Sie teilt ihm mit, dass sie zum Gottesmann reiten und bald zurückkehren werde – kein Wort über den Tod des Sohnes! Aber auch das Verhalten ihres Ehemannes ist mehr als verwunderlich: kein Wort der Erkundigung über den Zustand des Kindes, nur Protest dagegen, dass sie schon wieder zu Elischa reite, wo doch weder Schabbat noch Neumond sei – offenkundig zwei Fixdaten, an denen seine Frau immer außer Haus ist. Das Kind wird schließlich vom Gottesmann von den Toten erweckt.

Die Erzählung fokussiert ganz auf die beiden Hauptfiguren, die Frau von Schunem und Elischa. Nicht nur einmal ist in der Auslegungsgeschichte gemutmaßt worden, dass er der Vater des Kindes sein könnte.[47] Der Text sagt dazu nichts, stellt aber den alten Ehemann durchgehend als seltsam unbeteiligt dar. Wenn einem Greis noch ein Sohn geboren wird, müsste doch alles eitel Wonne sein, und das Kind müsste er wie ein Juwel behüten! Die eheliche Beziehung der beiden ist aber unverkennbar kühl. Man verkehrt nicht mehr miteinander (V16), und man hat sich nichts zu sagen, lässt sich selbst entscheidende Informationen durch Angestellte ausrichten. Das Kind ist ihres, nie seines, wenngleich dessen Bezug zum Ehemann der Mutter zumindest in der Szene auf dem Feld mit „sein Vater" bezeichnet wird (V18f.), was darauf verweist, dass es im Haus als gemeinsamer Nachkomme aufgezogen wird. Für unsere Fragestellung von erloschenen Beziehungen ist diese Erzählung jedoch insofern beredt, als sie die Problematik einer Ehe mit großem Altersunterschied und völlig anderer Interessenlage thematisiert. Während die Frau, die wohl zum prophetischen Kreis um Elischa gehört, als engagiert und mobil gezeichnet wird, ist der Mann apathisch, nimmt am Leben nur mehr am Rande teil. Die Beziehung ist wohl eher als Arrangement denn als aufrechte Ehe zu bezeichnen.

---

[47] So z.B. Christoph Uehlinger, Totenerweckungen – zwischen volkstümlicher Bettgeschichte und theologischer Bekenntnisliteratur, in: Sabine Bieberstein / Daniel Kosch (Hg.): Auferstehung hat einen Namen, Luzern 1998, 17–28.

VII. Belastungen, Irregularitäten und Sonderfälle des Geschlechtslebens

Wenn Sexualität eine anthropologische Grundgegebenheit bildet, so sind Ereignisse und Sachverhalte, die sexuelles Handeln und dessen Hauptziele behindern oder gar verunmöglichen, als schwere Störungen der Ehe, jener Institution, im Rahmen derer Geschlechtlichkeit im AO hauptsächlich gelebt wird, zu charakterisieren.

1. Unfruchtbarkeit und Impotenz

Fruchtbarkeit wird in biblischen Zeiten als Segen Gottes betrachtet (vgl. den thematischen Rahmen um die Tora: Gen 1,28 und Dtn 28,3–14), wobei die Fruchtbarkeit des Leibes ebenso wie jene der Haustiere und der Nutzpflanzen miteinbezogen ist. Die bereits oben ausführlich besprochene Erzählung um die Geburten der Söhne Jakobs zeigt deutlich, dass Schwangerschaft nicht einfach als Produkt menschlicher Potenz gesehen wird, sondern zudem als göttliche Gabe (Gen 29,31). Das bedeutet, dass nach biblischen Vorstellungen alle sexuellen Akte – selbst heterosexuelle – ohne göttliches Engagement unfruchtbar sind und bleiben.[48]

Unfruchtbarkeit, die bei sehr jungem Heiratsalter normalerweise nicht zu erwarten ist, scheint aufgrund der Häufigkeit, mit der von ihr erzählt wird, dennoch kein seltenes Phänomen gewesen zu sein. Vor allem bei monogamen Ehen entwickelt sich anhaltende Kinderlosigkeit zu einer enormen Belastung. Die Erzählungen um Sara und Abraham oder auch um Manoach und seine Frau (Ri 13) spiegeln dies wider. Bei polygynen Ehen trifft die Last nur die unfruchtbare Frau, da ihr Mann ja zeitgleich mit einer oder mehreren anderen Frauen Kinder zeugen kann.

---

[48] Vgl. Irmtraud Fischer, „... und sie war unfruchtbar", in: Gertrude Pauritsch u. a. (Hg.): Kinder machen, Wien 1988, 116–126.

Die langandauernde oder sogar lebenslange Sterilität einer Frau wird im AT aber auch zum geprägten Zug im Motiv der Verwirklichung der göttlichen Verheißung. Denn die nach langer unfruchtbarer Phase von solchen Müttern geborenen Söhne haben es in spezieller Weise mit Gott zu tun, sie sind Verheißungsträger oder wachsen zu großen Rettergestalten in Alt-Israel heran. Die Erzählungen um Sara, die die ganze fruchtbare Lebensphase lang unfruchtbar bleibt (Gen 11,30; 16,1), prägen das Motiv, das in der zweiten Generation der Erzeltern bei Rebekka nur beiläufig nachgetragen erscheint (25,21), aber bei Rahel wiederum durch mehrere Szenen ausgefaltet wird (29,31; 30,1f.22–24).

Auch bei Simsons namenloser Mutter in Ri 13,1–24 und bei der in fruchtbarer polygyner Ehe lebenden Hanna (1 Sam 1,2) kehrt es wieder, gleichwie im NT bei Elisabet und als Motivumkehr auch bei der noch nicht fruchtbaren Maria (Lk 1).[49] Alle diese Mütter sind entweder über die fruchtbare Lebensphase hinaus kinderlos (Sara und Elisabet) oder zumindest lange Zeit ihres Lebens (Rahel, Hanna, die Frau des Manoach), nur bei Rebekka scheint das Motiv ohne erzählerische Ausgestaltung in einer Notiz zur Komplettierung nachgetragen. Gerade in polygynen Ehen sind jedoch häufig die unfruchtbaren Frauen die Geliebten und sexuell Bevorzugten ihrer Ehemänner, womit die immer wieder aufgestellte Behauptung, dass unfruchtbare Frauen schwer benachteiligt wurden, ad absurdum zu führen ist. Jakob schläft normalerweise bei Rahel, sonst könnte sie ihn nicht für eine Nacht verkaufen (Gen 30,14–21), die fruchtbare Lea hingegen wird von ihrem Mann zwischenzeitlich sexuell schwer vernachlässigt. Ähnliches gilt von der kinderreichen Peninna (1 Sam 1,1–8), die offenkundig nicht die Emotion ihres Mannes anspricht, da dieser vielmehr an seiner unfruchtbaren Frau Hanna hängt. Als diese von Peninna zurückgesetzt wird, tröstet er Hanna mit der von seiner Seite aus rhetorisch formulierten Frage:

---

[49]   Siehe Irmtraud Fischer, Plädoyer für die Jungfräulichkeit Marias, 2017, in: feinschwarz.net, online: https://www.feinschwarz.net/ plaedoyer-fuer-die-jungfraeulichkeit-marias/ [zuletzt abgerufen 5.2.2021].

Hanna, bin ich dir nicht viel mehr wert als zehn Söhne?
(1 Sam 1,8)

Der anschließend beschriebene Gemütszustand Hannas zeigt allerdings, dass dieser uneingeschränkte Vorrang der Zweierbeziehung vom Mann, nicht jedoch von der Frau behauptet werden kann – ganz ähnlich, wie dies von Rahel und Jakob erzählt wird. Beide Männer können sich den „Luxus" der Bevorzugung von sexueller Attraktion und emotionaler Bindung jedoch (nur) deswegen leisten, da sie mit anderen Frauen bereits viele Söhne gezeugt haben, sie also nicht wie ihre geliebten Partnerinnen kinderlos sind.

Häufig wird noch immer behauptet, Alt-Israel hätte nur ein Bewusstsein von weiblicher Unfruchtbarkeit gehabt. Dem widerspricht eindeutig Dtn 7,14, wo sowohl die männliche als auch die weibliche Form (ʿqr wʿqrh) explizit genannt werden, sowie die Notiz von der Heilung Abimelechs (nicht nur seiner Frauen!) in Gen 20,17f., nach welcher Nachkommenschaft in seinem Hause wieder möglich ist. Zudem gibt es mehrere narrative Texte, die kinderlose Paare vorstellen, von denen die Frau später mit einem anderen Mann ohne Probleme schwanger wird. Zu solchen als unfruchtbar anzusehenden Männern sind sicher Machlon und Kiljon, die Ehemänner von Rut und Orpa, zu zählen, die die mangelnde Zeugungsfähigkeit bereits im sprechenden Namen tragen: „Schwächlich und Gebrechlich"[50] stehen im Gegensatz zu Boas, dem „Potenten", dem es daher ein Leichtes ist, mit Rut einen Sohn zu zeugen (Rut 4,13), welcher allerdings dann nicht für ihn und auch nicht im Sinne eines Levirats für Machlon, sondern für die kinderlos gewordene Schwiegermutter geboren wird (V15). Aber auch Tamars erster Mann, Er, den JHWH kinderlos sterben lässt, gehört zu den Unfruchtbaren (Gen 38,7–10), denn Onan verweigert der Schwägerin ja gezielt die Nachkommenschaft. Von Juda wird sie hingegen aufgrund einer einzigen Begegnung schwanger (V18). Wie bereits oben vermerkt, kommt der Verdacht der mangelnden Potenz auch beim alten Ehemann der Frau von Schunem auf, und er legt sich auch für Nabal,

---

50   Erich Zenger, Das Buch Ruth, Zürich ²1992, 34.

den ersten Mann von Abigajil nahe, denn von David wird sie offenkundig problemlos schwanger.

Der in seiner Jugend sexuell pluripotente David, der Jonatan liebt und im Laufe seines Lebens mit vielen Frauen Kinder zeugt, wird als Greis schließlich impotent. Als man dem Hochbetagten die noch jungfräuliche Verwalterin Abischag aus Schunem als Pflegerin beistellt und ihm so die Möglichkeit bietet, sie als Ehefrau in seinen Harem zu integrieren, interessiert ihn die überaus schöne Frau sexuell nicht (1 Kön 1,1–4). Dass er nicht mehr in der Lage ist, mit ihr zu schlafen, wird sodann als Zeichen seiner Unfähigkeit zur Regentschaft gedeutet, wodurch der Kampf um seine Nachfolge am Königsthron noch zu seinen Lebzeiten beginnt (V5–53). Davids schwindende Potenz steht damit im Gegensatz zum hervorragenden Allgemeinzustand von Moses, von dem es bei dessen Tod in Dtn 34,7 heißt, dass weder sein Augenlicht noch seine Frische erloschen gewesen seien.

2. Sexuelle Untreue

Wie im Abschnitt über die rechtlichen Regelungen bereits ausführlich dargelegt, kann von sexueller Untreue aufgrund der potenziell polygynen Ehekonstruktion in Alt-Israel nur dann gesprochen werden, wenn eine Verheiratete mit einem anderen Mann als ihrem Ehemann schläft. Im strengen Sinn ist sexuelle Untreue einer Ehefrau also immer qualifizierter Ehebruch, der als todeswürdiges Verbrechen deklariert wird. Aufgrund der ao. Gegebenheiten wäre vielleicht auch noch zu fragen, ob im weiteren Sinn nicht auch bisexuelle Kontakte von Ehemännern in die Kategorie sexueller Untreue zu reihen sind. Man müsste dann das Adjektiv sexuell auf die Handlung, die Untreue jedoch auf den ganzen Sippenverband und nicht auf eine einzelne Ehefrau beziehen. Beim spärlichen Textbefund kann diese Frage aber auch deswegen nicht entschieden werden, da in beiden betreffenden Erzählungen gleichgeschlechtliche Beziehungen innerhalb derselben Familie bleiben, zu der auch heterosexuelle Kontakte bestehen (Rut; David). Da Frauenliebe nirgends inkriminiert wird, könnte auch Judits Beziehung zu ihrer Dienerin eine erotische sein: Wechselt man derart die Perspektive, dann wird es klarer, warum Judit ihr die Güterverwaltung anvertraut und die Frau treu an ihrer Seite bleibt, wenn sie sich ins Lager des Holofernes begibt, aber auch, warum sie eine Wiederverheiratung ablehnt (Jdt 8,10; 10,5.10; 16,22).

Ungeachtet der durchgehenden rechtlichen Regelungen in allen Gesetzeskorpora und trotz der häufigen Ehebruchsmetaphorik in der prophetischen Literatur überrascht die Tatsache, dass es im AT nur eine einzige ausführliche Erzählung um einen Ehebruch gibt. Diese ist allerdings in der höchsten Hierarchie angesiedelt und spielt im Hause Davids, des nach der Darstellung der Vorderen Prophetie ersten, später idealisierten Königs über ganz Israel (2 Sam 11,1–27). In diesem Text geht es aber nicht nur um illegales Begehren einer verheirateten Frau, sondern auch um den daraus resultierenden versuchten Betrug am Ehemann und den folgenden Auftragsmord an ihm. Da David selber alle diese Verbrechen begeht, stellt die Erzählung eine Königskritik auf mehreren Ebenen dar.

Von einer harmonischen Ehe mit emotionaler Bindung zwischen David und Batseba wird nirgends in den Texten erzählt. Obwohl David im Laufe seines Lebens nicht nur viele Ehefrauen geheiratet hat, sondern ihm auch ein ganzer Harem mit Frauen von unterschiedlichem Status zugesprochen wird (1 Sam 25,42–44; 2 Sam 3,2–5; 5,13–16), wird niemals gesagt, dass David auch nur eine von ihnen geliebt habe. Geliebt hat er nach eigenen Worten nur Jonatan (2 Sam 1,26). Mit sämtlichen Frauen, von denen man mehr als den Namen erfährt, hat er offenkundig Vernunftehen geschlossen: Michal verschaffte ihm dauerhaft Zugang zum Königshof, mit Abigajil wird er sämtliche finanziellen Sorgen los, Maacha, die Königstochter von Geschur, nützt ihm im Dienst bei den Philistern. Batseba kann man in diese Reihe einordnen, denn sie verschwägert ihn mit der Jerusalemer Bevölkerung, die weder israelitisch noch judäisch ist. Aber dies mag als langfristiger Effekt gedeutet werden. Die Art, wie sie seine Frau wird, ist nicht nur ein Skandal, sondern stellt eine Serie von Verbrechen dar. Batseba ist jedenfalls die einzige der Frauen, die er begehrte, aber nicht heiraten wollte, jedoch zur Vermeidung noch größeren Ärgernisses unter den autochthonen Bewohner*innen Jerusalems, seiner neuen, reichsunmittelbaren Hauptstadt, ehelichen musste. Aus keiner einzigen Bemerkung kann jedenfalls auf die Deutung geschlossen werden, dass sie ihr Bad zum Zweck der Verführung und nicht rituell als Reinigungsbad nach der Menstruation vollzogen habe. Was die beiden verbindet, ist nicht Liebe, sondern vielmehr die Erfahrung sexueller Nötigung und das Wissen um einen Ehebruch, der vertuscht werden muss.

Der sexuellen Untreue wird Tamar, die von ihrem Schwiegervater nicht aus dem Levirat entlassen wurde, angeklagt (Gen 38,24):

> Gehurt hat Tamar, deine Schwiegertochter, und siehe sie ist schwanger von ihrer Hurerei!

Ohne sie auch nur anzuhören, spricht Juda das Urteil über sie, obwohl er vom Sachverhalt doch nur von einem Gerücht weiß, und er bestimmt auch noch die besonders grausame Todesart der Verbrennung, die Lev 21,9 nur für Priestertöchter als Strafdrohung für mangelnde Jungfräulichkeit bei der Eheschließung vorsieht.

Das Levirat bestimmt, dass bei noch ungeteiltem Erbe nach dem kinderlosen Tod eines Erstgeborenen der nächstälteste Bruder mit der Witwe ein Kind zeugen muss, um dem Verstorbenen den Rechtstitel auf das Land zu erhalten (vgl. Dtn 25,5–10; vgl. Kap. 2). Da Judas Erstgeborener stirbt, gibt er seinem Zweitgeborenen Onan, der die sexuelle Kraft bereits im Namen trägt (vgl. Gen 35,18; 49,3), Tamar ins Levirat. Da dieser Sohn zwar mit ihr schläft, aber Empfängnisverhütung durch *coitus interruptus* betreibt, lässt Gott auch ihn sterben. Obwohl Juda seine Schwiegertochter mit dem Tod seiner beiden Söhne in Verbindung bringt, entlässt er sie nicht aus dem Levirat, verweigert ihr jedoch sowohl die Versorgung im eigenen Hause als auch seinen dritten Sohn, als dieser erwachsen wird. Ins Elternhaus zurückgekehrt ist Tamar damit zur lebenslänglich unversorgten, kinderlosen Witwenschaft verdammt (Gen 38,6–11). Diesen Zustand ändert sie tatsächlich durch sexuelle Untreue – allerdings ganz anders, als die

Dorfgemeinschaft und Juda dies meinen. Sie bietet sich dem soeben Witwer gewordenen Schwiegervater als Prostituierte verkleidet im Tor von Enajim an, und dieser tappt umgehend in die Falle. Da er den vereinbarten Lohn nicht bei sich hat, fordert sie von ihm alle Insignien, die seine Identität belegen (V12–19): Siegel, Stab und Schnur – das entspräche heute Pass, Schlüsselbund und kreditkartenfähigem Handy. Judas sexuelles Verlangen ist offensichtlich so groß, dass er der vermeintlichen Prostituierten das Erwünschte als Pfand diskussionslos überlässt, mit ihr schläft und seines Weges geht. Den Lohn, der gegen das Pfand eingetauscht werden soll, überbringt er nicht persönlich, sondern durch seinen Freund aus Adullam. Der findet die Frau aber nicht, da es laut Auskunft der Leute des Ortes keine Prostituierte in Enajim gäbe (V20–23). Obwohl Juda fürchtet, in Verruf zu kommen, denkt er in dem Augenblick, in dem er das Urteil über Tamar in aller Schärfe vollziehen will, nicht mehr an diesen für ihn bloß eine Episode darstellenden Geschlechtsverkehr. Mit dem Todesurteil, an dessen Vollstreckung er sich offenkundig nicht einmal beteiligen will, kann er die noch immer Ansprüche an seine Familie stellende Frau ohne Gesichtsverlust (vgl. Dtn 25,9f.) loswerden. Als man Tamar bereits zum Richtplatz führt, schickt sie, für alle Öffentlichkeit hör- und sichtbar, die gepfändeten Insignien an Juda und fordert ihn zum Bekenntnis und zum Freispruch auf (Gen 38,25). In aller Öffentlichkeit blamiert, muss Juda eingestehen, dass sie gerechter ist als er (V26), da sie sich vom Vater die Nachkommenschaft holte, die er ihr durch den dritten Sohn verweigerte.

Der schnelle Gang zu einer Prostituierten und das übereilt gegebene Pfand werden dem Mann zum – von seiner Schwiegertochter bestens vorbereiteten – Fallstrick seiner Selbstgerechtigkeit. Das bewusste Auszehren ihrer sexuellen Potenz wird für ihn zwar zum moralischen Verhängnis, ihre nicht zu brechende Vitalität gerät aber auch für ihn zum Glücksfall der Genealogiegründung (V27–30), die schließlich die davidische Königsdynastie hervorbringt (Rut 4,18–22), auf die wiederum, unter Nennung von Tamars Namen, die große ntl. Genealogie des Jesus von Nazaret als Messias zurückgreift (Mt 1,1–17; Lk 3,23–38).

3. Haremsbildung

Gemeinhin assoziiert man in unserem Kulturkreis mit „Harem" die orientalisierenden Vorstellungen der Gegebenheiten des 19. Jh. im osmanischen Reich. Für den AO und damit auch für biblische Texte, die das Phänomen multipler Polygynie widerspiegeln, sollte man sich nicht von diesen in der Romantik geborenen Imaginationen leiten lassen. Zum einen ist es für den AO nicht klar, inwieweit mit der Abschließung von Frauenbereichen zu rechnen ist, zum anderen ist in Alt-Israel bereits Polygynie kein sehr häufiges Phänomen, noch viel weniger daher ein Harem.

Für die meisten Paare, von denen man erfährt, ist eine Einehe vorauszusetzen. Wo von mehreren Frauen erzählt wird, hat dies häufig seine Gründe (z. B. bei Jakob Betrug, bei Abraham und vielleicht auch bei Elkana Unfruchtbarkeit der Hauptfrau). Eine Vielzahl von Geschlechtspartnerinnen unterschiedlichsten Status (Hauptfrauen, Nebenfrauen, Sklavinnen) zu haben, deutet einerseits auf großen Reichtum, denn man muss sich die Zahlung mehrerer Brautpreise und den Unterhalt für viele Ehefrauen erst einmal leisten können, andererseits symbolisieren Vielehen Macht- und Prunkentfaltung. Beides zusammen findet sich fast ausschließlich in Herrscherhäusern. Die Bezeichnung „Harem" hat im Übrigen kein Pendant im Hebräischen, der Sachverhalt wird meist schlicht als „Haus" des Herrschers, in das Frauen aufgenommen werden, bezeichnet (vgl. Gen 12,15; 20,17f.). Haremsbildungen an Königshäusern dienen nicht nur der Repräsentation, sondern vor allem der politischen Konsolidierung der Herrschaft.[51] „Tu felix Austria nube!" war der entsprechende Wahlspruch der Habsburger. Sich mit mächtigen Familien vor allem instabiler Landesteile zu verschwägern, trägt entscheidend dazu bei, ein Königreich zu befrieden, denn gegen den Schwiegersohn führt man nicht so leicht Krieg, wenn man weiß, dass er die eigene Tochter als Geisel nehmen kann. Vor allem bei international agierenden Herrschern sind fremde Prinzessinnen ein

---

[51] Siehe Maria Häusl, Frauen am Königshof, in: Irmtraud Fischer / Juliana Claassens (Hg.): Prophetie, Stuttgart 2019, 190–208.

politischer Faktor. Mit sexueller Anziehung haben solche internationalen Heiraten herzlich wenig zu tun. Wenn sie nicht überhaupt nur als diplomatischer Austausch zu sehen sind, dann haben solche Ehen reproduktive Funktion, da man mit dem Sohn einer Prinzessin einen entsprechenden Thronfolger von hohem Stand für die nächste Generation präsentieren und damit dauerhaft Frieden schaffen kann.

Kleinräumig verfolgt bereits der erste König über ganz Israel, David, diese Politik. Seine Frauen kommen aus allen Landesteilen und auch von kleinen Königshöfen (2 Sam 3,2–5), seine letzte Frau aus der Jebusiterstadt Jerusalem, die er als letzte eingenommen hat (5,6–10). Die genealogische Liste seiner in Jerusalem gezeugten Söhne deutet aber bereits einen Harem an, wenn dort von namenlosen Frauen und Nebenfrauen die Rede ist, die ihm Kinder gebären (V13–16). Im Zuge des Aufstands seines Thronfolgers lässt David zehn dieser Nebenfrauen als „Wache" (*šmr*) im Königspalast zurück (2 Sam 15,16). Mit ihnen schläft Abschalom nach dem Revolutionsrat von Ahitofel, für alle Jerusalemer*innen öffentlich sichtbar, auf dem Dach des Königspalasts (16,21f.). Mit der Vergewaltigung der Haremsfrauen durch den Usurpator hoffte der Ratgeber, dem Volk klarzumachen, dass die Revolution unumkehrbar sei. Damit übernimmt aber nicht nur ein König den Harem seines Vorgängers, sondern Abschalom begeht auch das Verbrechen des mehrfachen Inzests gegen den eigenen Vater. Der aufständische Thronfolger überlebt seine eigene Revolte nicht, die von ihm geschändeten Nebenfrauen versorgt David zwar nach seiner Rückkehr nach Jerusalem, er sondert sie jedoch in ein eigenes Haus ab und verkehrt nie wieder mit ihnen (20,3).

Dass Frauen aus dem Harem des Königs politisch wichtige Rollen spielen können, zeigt sich nicht nur bei Batseba, die ihren Sohn für die Thronfolge protegiert, sondern ist auch für Abischag von Schunem belegt (1 Kön 1,1–4). Unmittelbar nach dem Tode Davids (2,10–25) erbittet sich Adonija, der sich noch vor dem Tod des Vaters zum König ausrufen hatte lassen (1,5–10), diese sexuell unberührte Verwalterin zur Frau. Für Salomo ist dies offenkundig nicht nur ein Affront gegen den toten Vater, sondern auch gegen seine eigene Herrschaft, die er gerade gegen jegliches Erbgesetz als jüngster der Königssöhne, aber konform mit dem Willen des alten Vaters, angetreten hat. Er lässt Adonija deshalb töten (2,13–25) – nicht, weil dieser Abischag sexuell begehrt hätte, sondern weil er sich mit dieser Frau als Thronfolger hätte legitimieren können.

Bilaterale, internationale Ehen werden vor allem für den Hof Salomos erzählt, an dem sich Prinzessinnen der umliegenden Königreiche wohl ziemlich frei bewegen können. Zuerst heiratet er die Tochter Pharaos (3,1), die, wie es scheint, vorerst ein eigenes Haus in der Davidsstadt bewohnt (9,24). Als Salomo seinen Palast baut, muss er auch sie mit einem eigenem Palais, ähnlich dem seinen, standesgemäß versorgen (7,8). Zu dieser Frau aus königlichem Blut nimmt Salomo sich Frauen aus allen Königreichen ringsum hinzu. Sie kommen aus Moab, Ammon, Edom, Sidon, und auch eine Hethiterin findet sich unter den Frauen (11,1–8). Insgesamt werden es nach der späten Überlieferung tausend (V3; vgl. Hld 6,8). Sie alle bringen ihre Religion mit, und Salomo baut ihren Gottheiten in und um Jerusalem eigene Heiligtümer (V7f.). Der literarische Niederschlag in der Königstravestie von Koh 2,3–11 baut schließlich alle Elemente des salomonischen Überflusses aus. Neben Palästen, Gartenanlagen, Weinbergen und reichem Viehbestand leistet sich der vom Luxus verwöhnte König jede Menge Edelmetalle und Juwelen, aber auch versklavte Bedienstete, die seine Arbeit verrichten, und Sängerinnen und Sänger, die ihn mit Musik verwöhnen. Gleichsam als Krönung egomaner Maskulinität wird in V8 auf einen Harem verwiesen, wobei durch die entmenschlichende Formulierung „Brüste über Brüste", die Frauen auf einen erotisch anziehenden Körperteil reduziert, drastisch darauf hingewiesen wird, dass es nicht um Liebesgenuss geht, sondern eher um Sexorgien nach eigenem Willen ohne Rücksicht auf das Gegenüber. Ein ähnlicher Ausdruck, der Frauen ebenso in einer Pars-pro-toto-Formulierung auf ein Sexualorgan reduziert, findet sich im Hinweis auf Kriegsvergewaltigung im Munde der Königinmutter in Ri 5,30. Sollte hier wie dort eine Kritik an der Abgehobenheit der Mitglieder königlicher Familien laut werden, die Untertanen nicht mehr als Menschen, sondern insbesondere Frauen nur mehr in ihrem „Nutzen" zum eigenen perversen Vergnügen wahrnehmen?

Salomos internationale Heiraten und die feudalen Lebensbedingungen der Frauen stehen im Kontext von Beschreibungen seines immensen Reichtums (1 Kön 5,1–8; 10,1–25), der luxuriösen zivilen Bautätigkeit (7,1–12), der militärischen Hochrüstung (10,25–29) und des überaus reich ausgestatteten Tempels (5,15–8,66), was einer Beschreibung einer ökonomisch sorglos lebenden internationalen Multikultigesellschaft gleichkommt. An all diesen verschwenderisch gestalteten Lebensbereichen setzt dann auch die (deuteronomistische) Kritik an Salomo an, der in der Tradition nicht nur zum sprichwörtlichen Weisen, sondern auch zum ersten König wird, der den Frondienst einführt (5,27–32) und sich von den vielen Frauen dazu verführen lässt, vom Alleinverehrungsanspruch JHWHs abzukommen (11,2; vgl. Ex 34,15f.; Dtn 7,1–3). Liest man als Gegenpol dazu das Königsgesetz von Dtn 17,14–20, so entspricht Salomo – trotz seiner Großtat des Tempelbaus – dem Königsideal in keiner Weise. Er ist der Sohn einer fremdstämmigen Mutter (V15), schafft sich Pferde und noch mehr Pferde an, was wohl auf dazugehörige Streitwagen schließen lässt, bringt durch die Fron „ägyptische Zustände" ins Land (V16) und schafft sich einen Harem und immense Mengen an Edelmetallen an (V17). Salomo tut damit alles, was Gott einem König nach dem Ämtergesetz verbietet und wovor etwa die ausländische Königin von Massa ihren Sohn sehr wohl warnt: Er soll seine Kraft nicht den Frauen hingeben, also keinen großen Harem halten (Spr 31,3). An all diesen besprochenen Stellen geht es nirgends um Sexualfeindlichkeit oder Prüderie, sondern immer um übertriebene Macht- und Prunkentfaltung, die in der Repräsentation die eigentliche königliche Aufgabe sieht – und eben nicht in der gerechten Regierung, die im Falle des Gottesvolkes nach den Vorschriften der Tora zu erfolgen hat. Als ein König, wie er nach dem dtn Königsgesetz nicht sein sollte, wird in 1 Kön 12–14 auch Salomos Sohn Rehabeam dargestellt. In der Chronik, in der allerdings positiver über ihn erzählt wird, wird auch ihm ein Harem zugeschrieben (2 Chr 11,21).

Einen speziellen Fall der Darstellung eines ao. Hofes aus jüdischer Sicht stellt das Buch Ester dar. Est 1 geht mit herrschaftlicher Machtdemonstration und der Zurschaustellung von immensem Reichtum in monatelangen Festen über Salomos Pracht noch weit hinaus. Zudem wird die Situation durch ein rigides Hofzeremoniell verschärft, das selbst den König nicht mehr frei agieren und damit zur Karikatur verkommen lässt. V9 weist dabei bereits auf vollständige Geschlechtertrennung hin: Das riesige Fest, von dem in V1–8 erzählt wird, veranstaltet Ahaschwerosch nur für Männer, denn die Frauen des Hofes feiern getrennt. Als Gipfel seiner majestätischen Hofhaltung kommt der Herrscher jedoch am Ende auf die Idee, seine wunderschöne Königin allen Repräsentanten seines Kaiserreichs vorzuführen. Königin Waschti jedoch nimmt den Befehl ihres königlichen Gemahls beim Wort, dass ein jeder tun könne, was ihm beliebt (V8), und weigert sich aufzutreten. Die Reaktion des Herrschers und seiner Großen macht deutlich, dass dieser Befehl durchaus geschlechtsspezifisch formuliert und auch so gedacht war: Er gilt keineswegs für Frauen, auch nicht für die erste Frau im Staat (V12–19). Aufgrund dieser widerständigen Aktion verliert Waschti die Würde einer Königin und verschwindet damit im Harem, da sie nie mehr vor dem König erscheinen darf. Wie brandgefährlich ihr Verhalten für die Ehe als patriarchale Institution gesehen wird, zeigt sich am folgenden königlichen Erlass, der in allen Sprachen und Schriften des Reiches dekretiert, dass jeder Mann Herr im eigenen Haus sei (V21f.). Wer dafür einen königlichen Erlass braucht, ist sich der Machtverhältnisse zwischen den Geschlechtern offenkundig nicht so sicher, wie man das gerne hätte ...

Das nächste Kapitel gibt Einblick in den Rekrutierungsprozess eines ao. Harems: Die Schönheit eines Mädchens ist hier das einzig Entscheidende, nicht die Herkunft – die muss man gar nicht deklarieren, ja sie kann sogar explizit verschwiegen werden (2,10). Die monatelange Vorbereitungszeit dient ausschließlich der äußeren Erscheinung und der Einführung in den für Frauen relevanten Ausschnitt des Hofzeremoniells, stellt also keine Schulung für eine künftige Königin dar. Nur eine Nacht lang haben die jungen Frauen die Chance, dem Herrscher zu gefallen. Gelingt ihnen das nicht, haben sie lebenslänglich keine Möglichkeit mehr, ein erfülltes Sexualleben zu führen oder gar ein Kind zu gebären. Frauen werden hier als Ware bewertet, wobei das Gros für den König Minderqualität aufweist und nicht mehr weiter „benützt" wird. Überspitzt und unelegant könnte man von enormer Verschwendung weiblichen Potenzials reden, aber an diesem zeigt die Erzählfigur des Ahaschwerosch ohnehin keinerlei Interesse. Dass Ester die rigorose Qualitätskontrolle anhand untauglicher Kriterien für eine Königin besteht, ist eine glückliche Fügung, die wohl von ihrem Gott kommt, aber davon ist im Esterbuch ja nie offen die Rede. Von einer ehelichen Beziehung zwischen Ester und ihrem Mann kann auch nach ihrer Akzeptanz als Königin keine Rede sein, denn ausschließlich er bestimmt, wann er sie sehen will und wann nicht. Sie selbst ist nicht einmal in der Lage, ihm ihre Angst um das nackte Überleben mitzuteilen und braucht dazu mehrere Festmähler, für die sie den rechten Zeitpunkt abwarten muss. Sie ist weder Geliebte noch geachtete Ehefrau, sondern eine Untertanin, von der genauso völlige Unterwerfung gefordert wird wie von allen anderen Angehörigen seines Königreichs. Erst als der Imperator gewahr wird, dass seine Königin in Gefahr ist, ist er überschwänglich bereit, ihr alle Wünsche zu erfüllen, sogar bis zur Hälfte des Königreiches – was sie zur Mitregentin machen würde (7,2). Auch in der Ester-Erzählung wird also durchgängig deutlich, dass Haremsbildungen herzlich wenig mit Sexualität, sondern vielmehr mit öffentlicher Zurschaustellung politischer Macht zu tun haben.

4. Käufliche Liebe

Es mag Menschen geben, die einen Abschnitt über Prostitution in einem solchen Kapitel über das Geschlechtsleben völlig unpassend finden. Vorrangig werden dies Männer sein, die als Konsumenten auch in unseren westlichen Gesellschaften keine verschwindende Minderheit darstellen, andernfalls in deutschsprachigen Ländern nicht derart viele Prostituierte ihr Auskommen finden könnten und das Verbrechen des Menschenhandels nicht ein derart großes Ausmaß hätte annehmen können. Hier soll jedoch nicht die Position der Freier im

Vordergrund stehen, sondern vor allem den sozialen Kontexten und Lebensumständen der käuflichen Frauen nachgegangen werden. Aus diesen wird deutlich, dass sehr oft materielle Not und katastrophische Lebensumstände zur Sexarbeit zwingen.

Wenn Prostitution häufig als „ältestes Gewerbe der Welt" bezeichnet wird, so muss man dem für den Kulturraum und die Gesellschaft, aus der die biblischen Texte stammen, insofern zustimmen, als es nicht wenige Belege für käufliche Sexualität gibt. Bemerkenswerterweise wird aber in der gesamten Bibel nirgends Prostitution per se verboten. Wenn Lev 19,29 einem Mann verbietet, seine Tochter dem käuflichen sexuellen Umgang preiszugeben, so wird nicht Prostitution an sich verboten, sondern Zuhälterei und (kurzfristige?) Überlassung der eigenen Tochter zu sexuellen Handlungen gegen Bezahlung. Dahinter steht wohl auch die Kenntnis darum, dass Prostituierte durch alle Epochen hindurch ihre Familien erhalten haben und es bis heute tun. Auch wenn es in der Bibel keinerlei Texte zur Problemstellung gibt, ist zu bedenken, dass in der gesamten Antike Sklavinnen und Sklaven zur Prostitution gezwungen werden konnten.[52]

In den Aufzählungen der Eheverbote für Priester in Lev 21,7.14 wird die Prostituierte neben der Geschiedenen und der Vergewaltigten genannt. Der Hohepriester kann nach V13–15 aus kultischen Gründen allerdings nur eine Jungfrau heiraten, wodurch nur bei ihm auch für Witwen ein Ehehindernis besteht. Wenn eine Gruppe von Frauen den kultischen Bediensteten verboten ist, lässt das den Schluss zu, dass alle anderen Männer sehr wohl Frauen der genannten Kategorien heiraten konnten und es auch kein Tabu darstellte, sich mit einer Prostituierten zu vermählen (vgl. Ri 11,1; Mt 1,5).

Unterschiedliche literarische Kontexte verweisen auf das Phänomen der käuflichen Sexualität: Nicht nur Rechtstexte befassen sich mit speziellen Situationen, die Prostitution und deren Erlös regeln, sondern auch erzählende Texte schildern den Gang von (berühmten) Männern zu Dirnen. Vor allem aber in prophetischen Texten wird sowohl in der Metaphorik als auch in der Strafdrohung häufig die Thematik eingespielt.

---

[52]   Siehe Fischer – Feichtinger, Sklaverei.

So droht Amos dem Priester von Bet-El, der ihn des Landes verweist, weil er dessen Worte für ein Reichsheiligtum für unerträglich hält, an, dass dessen Kinder in den kriegerischen Handlungen getötet werden, er selber deportiert und seine Frau sich in ausgerechnet jener Stadt prostituieren wird, in der er als Oberster der Priesterschaft gewirkt hat. Der Kontext macht deutlich, dass sie aufgrund der Umstände dazu gezwungen wird: ihr Mann verschleppt, die Kinder tot, die Frau aller Wahrscheinlichkeit nach bei der Einnahme der Stadt vergewaltigt (Am 7,17). Die Deutung der Söhne Jakobs von Gen 34,31, dass Sichem ihre Schwester Dina durch die Vergewaltigung wie eine Prostituierte behandelt habe, lässt auch diese Interpretation zu. Aber es kann auch ein dauerhafter Lebensumstand damit angesprochen sein. Ob sie zu diesem von der Besatzungsmacht gezwungen wird, oder sie selber dazu gezwungen ist, sich zu prostituieren, um zu überleben, wird nicht gesagt. Alle Deutungen sind möglich, alle fast gleich schrecklich für jede Frau, noch dazu für eine angesehene Ehefrau und Mutter der Kinder eines Priesters.

Sprichwörtlich ist Prostitution als letzter Ausweg vor dem Verhungern in Spr 6,26 geworden: Wenn Frauen ihren Körper für einen Fladen Brot verkaufen müssen, stehen – wie von naiven Moralaposteln manchmal in Bezug auf Prostitution behauptet wird – weder sexuelle Ausschweifung noch der Wunsch nach materiellem Wohlleben, sondern schlicht das nackte Überleben auf dem Spiel. Für ihre Arbeit steht Prostituierten ein Entgelt zu, und es ist – wie für alle kurzfristigen Lohnarbeiten (vgl. Dtn 24,14f.) – unehrenhaft, dieses vorzuenthalten (vgl. Gen 38,23). Juda ist zumindest bereit, ein Böcklein für den Beischlaf zu zahlen, das er der Frau allerdings vorerst auch nicht zu geben in der Lage ist, weshalb sie dafür ein Pfand fordert (Gen 38,17f.). Bedenkt man, dass in Alt-Israel Fleisch nicht zur alltäglichen Mahlzeit gehörte, dann ist ein Zicklein wenigstens kein Hungerlohn. Wenn man einer Frau diesen Lohn aber auch wegnehmen kann, wie dies JHWH in der skandalösen Metaphorik von Jes 23,18 mit der zur Prostitution gezwungenen Stadtfrau Tyrus macht, dann lässt dies auch für biblische Zeiten auf die Existenz von Zuhältern schließen, die willkürlich mit dem Lohn der Frauen umgingen und die eigentlichen Nutznießer waren. Lev 19,29 geht sogar davon aus, dass ein Vater diese Position gegenüber seiner Tochter ausüben kann. Selbst in der häufig drastisch formulierten metaphorischen Rede ist also sehr häufig das Wissen darum präsent, dass Frauen nicht freiwillig oder aus eigenem Antrieb zu Dirnen werden.

Eine Frau, die mit sexueller Dienstleistung ihren Lebensunterhalt bestreitet, ist allerdings kein Outlaw, da sie keines Mannes sexuelle Domäne schädigt, weder als heiratsfähige Tochter jene des Vaters noch die eines Ehemannes oder Levirs.[53] In ao. Gesellschaften führt sie aber ein Leben außerhalb der durch engen familiären Zusammenhalt geprägten Sippen einer Stadt und wird daher, da sie unverheiratet ist, in Rechtsangelegenheiten nur bedingt durch einen eventuell noch lebenden Vater oder einen Bruder, der vielleicht ihre Partei ergreift, vertreten. Mit dieser Rechtsunsicherheit finden sich käufliche Frauen auf einer Stufe mit Witwen und Waisen. Diesen Aspekt thematisiert das salomonische Urteil von 1 Kön 3,16–28, mit dem die Weisheit und Fähigkeit des jungen Königs zur Herrschaft in seiner richterlichen Funktion illustriert werden soll. Ohne Ansehen der Person nimmt er sich sogar eines Streites von Menschen auf der untersten Stufe der sozialen Pyramide freier Menschen an, indem er einerseits Frauen ohne deren Rechtsvertreter an sich heranlässt, und andererseits sich sogar mit dem Streit von Dirnen befasst. Es geht dabei um zwei Frauen, die jeweils einen Sohn geboren haben und mit dem Säugling in einem Bett schlafen, wobei das Kind der einen erstickt wird und diese sodann der anderen während des Schlafes den Sohn stiehlt. Der Streit der beiden ist deftig, aber er lässt natürlich auch darauf schließen, wie wichtig gerade für diese Frauen ein Sohn ist, der sie im Alter, wenn sie selbst nicht mehr die Mittel für den Lebensunterhalt heranschaffen können, versorgen kann. Der König reagiert dem Milieu seiner beiden Untertaninnen entsprechend krude. Er gibt Befehl, das Kind durch das Schwert aufzuteilen, wodurch er – in Zeiten ohne Gentests – die wirkliche Mutter

---

[53]   Siehe Phyllis Bird, „To Play the Harlot", in: Peggy L. Day (Hg.): Gender and Difference in Ancient Israel, Minneapolis 1989, 75–94, hier 77.

dadurch findet, dass diese lieber auf das Kind verzichtet, als es töten zu lassen.

Obwohl man anzunehmen hat, dass es auch in der Antike bereits Praktiken der Empfängnisverhütung gab, die im Fall von Prostituierten sicher nicht auf *coitus interruptus* (vgl. Gen 38,9f.) einzuschränken sind, gibt es mehrfach Hinweise auf Kinder, die aus Versorgungsgründen wohl willkommen waren. Da solche Frauen mit vielen Männern verkehren, ist die Vaterschaft nicht zu eruieren. Aber offenkundig gab es auch Männer, die zu ihren Söhnen von Prostituierten standen. Nach Ri 11,1 wird Jiftach als Sohn Gileads mit einer sich prostituierenden Frau vorgestellt, weswegen ihn seine Brüder, die aus der regulären Ehe des Vaters stammen, mobben und schließlich aus dem Haus vertreiben.

Über die näheren Lebensumstände von Prostituierten kann man aus biblischen Texten einiges erfahren. Rahab kann sich nach Jos 2,1 ein eigenes Haus leisten, in dem sie ihrer Sexarbeit nachgeht. Auch die Anklage von Jer 5,7 „Deine Söhne begehen Ehebruch und treiben sich im Haus der Prostituierten herum" lässt darauf schließen, dass solche Frauen eigene Häuser besaßen. Offenkundig gibt es aber auch Bordelle, in denen mehrere Frauen ihre Dienste anbieten. Darauf lässt 1 Kön 3,17 schließen, wenn die beiden Prostituierten, die zu Salomo kommen, um ein Urteil einzuholen, ihn informieren, dass sie in ein und demselben Haus wohnen.

Auch mit Straßenprostitution muss man rechnen, wenn etwa Tamar sich – gut verschleiert, damit der Schwiegervater sie nicht erkennt – ins Tor von Enajim setzt (Gen 38,13–16). Am Schleier kann Juda sie nicht als käuflich identifiziert haben, denn es macht keinen Sinn, sich zu verhüllen, wenn man seinen Körper verkaufen will, aber vielleicht hat es eine spezifische Gewandtracht gegeben, die kennzeichnend war (vgl. Spr 7,10). Im Fall von Tamar ist es aber offenkundig der Raum, das Tor als geschlechtsspezifischer Treffpunkt der Männer, und der Umstand, dass die Frau alleine dort sitzt, der Juda auf den Gedanken bringt, sie anzusprechen. Ähnliche Informationen könnte man aus der Episode um die Prostituierte von Gaza, zu der Simson geht, herauslesen (Ri 16,1–3). Sie geht ihrem Gewerbe offenkundig nicht in ihrem Haus nach, sonst müssten die Männer Simson nicht suchen, sondern wüssten, wo sie ihn finden könnten. Dass sie ihm im Tor auflauern, ist einerseits dadurch begründet, dass alle Menschen, die die Stadt verlassen wollen, dort vorbeikommen müssen, andererseits ist aber auch damit zu rechnen, dass nach absolvierter Leistung sich die Frau gerade dort wieder ihre Kunden suchen wird. Andere Texte lassen darauf schließen, dass Frauen auf der Suche nach Kundschaft durch die Straßen streifen und durch Musik und einschlägige Lieder auf sich aufmerksam machen (Jes 23,15f.; Spr 7,12).

Die Erzählung um Rahab lässt keinen Zweifel bezüglich der sozialen Integration dieser Frau. Sie besitzt ein eigenes Haus, in dem man als Fremder auch übernachten kann (Jos 2,1) und das somit auch Herbergsdienste leistet. Die Männer, die der König schicken lässt, um die israelitischen Kundschafter festzunehmen, dringen jedoch nicht in das Haus ein, sondern respektieren die unantastbare „Privatsphäre" wie bei jedem anderen Haus und schenken der Auskunft der Prostituierten Glauben (V3–7). Sie selbst gibt – wie jedes gute Hotel bis heute – keine Auskunft über die Gäste und wahrt nicht nur die Gastfreundschaft, sondern bewahrt die Spione auch vor Entdeckung, indem sie sie auf der Dachterrasse versteckt, ihnen bei guter Gelegenheit zur Flucht über die Stadtmauer verhilft und sie mit Ratschlägen für sichere Rückkehr versorgt. Aber sie tut dies nicht aus reiner Menschenliebe. Zum einen wird sie als Theologin charakterisiert, die über die bevorstehende Landgabe durch JHWH Bescheid weiß, zum anderen als gewiefte Geschäftsfrau, die ein lukratives Gegengeschäft vorschlägt: Sie will verschont werden, wenn Israel Jericho einnimmt, und ist damit einverstanden, ihr Haus mit einem Purpurband im Fenster zu kennzeichnen. Ob Rot auch vor mehr als zwei Jahrtausenden die Farbe des einschlägigen Milieus war, sei dahingestellt. Interessant ist jedoch, dass diese Frau ein so kostbares Band im Hause hat, denn Purpur ist das Exquisiteste, was an farbigen Textilien im Altertum zu haben war. Bevor Jericho eingenommen wird, wird sie mit ihrer ganzen Familie aus der Stadt herausgeholt (Jos 6,15–25) und in Israels Mitte integriert. Wenn dabei sogar der Vater über die Frau definiert wird, lässt dies darauf schließen, dass von ihrem Gewerbe die gesamte Großfamilie lebt. Mt 1,5 lässt im Stammbaum Jesu Rahab schließlich die Mutter von Boas werden, der mit Rut zu den Ahnen der davidischen Dynastie zählt.

Für weibliche Prostituierte werden hauptsächlich zwei Bezeichnungen verwendet: *zona* und *qedeša*, wobei das Verb *znh* auch Männer zum Subjekt haben kann und auch männliche *qedešim* belegt sind. Da letztere mit der Wurzel *qdš*, die Heiliges bezeichnet, in Verbindung steht, ist in der Auslegungsgeschichte häufig auf Prostitution im Kontext eines Heiligtums geschlossen worden.[54] Dabei ist jedoch zu unterscheiden, ob Prostitution am Rande eines Heiligtumsbetriebs stattfindet und dann mit unserem heutigen Phänomen von Fußballweltmeisterschaften zu vergleichen wäre, die ein überwiegend männliches Publikum anlocken und daher auch das horizontale Gewerbe florieren lassen. Prostitution findet am und beim Heiligtum statt, da es dort vor allem bei Wallfahrtsfesten große Menschenansammlungen gibt, und wird deswegen als Tempelprostitution bezeichnet. Davon zu unterscheiden ist die kultische Prostitution, bei der zumindest ein Akteur des Geschlechtsverkehrs kultisch bedienstet ist und der sexuelle Vollzug als Verehrung einer Gottheit verstanden wird.[55] So einleuchtend diese Unterscheidung ist, so schwierig ist bei einzelnen Belegen zu entscheiden, ob sie dem einen oder dem anderen Phänomen zuzuordnen sind. Da im Kontext dieser Publikation Sexualität im Fokus des Interesses steht, muss die Frage hier nicht geklärt werden. Bedeutsam ist, dass Sexualität und Kult im AO zumindest historisch gesehen keine unvereinbaren Lebensbereiche waren. Die These einer breitflächig zu belegenden Tempelprostitution ist allerdings nicht aus zuverlässigen Quellen zu belegen, sondern geht auf Herodot zurück, der diesbezüglich kaum authentisches Wissen für den Vorderen Orient überliefert, sondern eher Exotika darzustellen versucht.

Einige Texte erzählen von männlichen wie weiblichen Prostituierten am Jerusalemer Heiligtum. So schafft Asa nach

---

[54] Siehe Christine Stark, „Kultprostitution" im Alten Testament?, Fribourg/Göttingen 2006.
[55] Christian Frevel, Aschera und der Ausschließlichkeitsanspruch YHWHs, Weinheim 1995, 631–634.

1 Kön 15,12f. die *qedešim* (der mask. Plural schließt auch Frauen mit ein!) aus dem Jerusalemer Heiligtum und enthebt die Königsmutter Maacha ihrer Stellung als *gebira*, weil sie eine Aschera im Tempel aufstellen ließ; ein ähnlicher Kontext mit der Aschera-Verehrung findet sich in 14,23f. und 22,47. Nach 2 Kön 23,7 gibt es für Qedeschen beiderlei Geschlechts am Tempel von Jerusalem sogar ein eigenes Haus, das man wohl als Bordell einschätzen muss. In diesem Haus weben Frauen für Aschera Textilien, die vielleicht zur Ausstattung der entsprechenden Arbeitsbereiche dienten. Wenn Joschija im Zuge seiner Reform dieses Haus zerstören lässt, muss es bis dorthin in Funktion gewesen sein. Die Frage, ob die Regelungen von Dtn 23,18f. in Zusammenhang mit diesem Bauwerk und dessen Funktion zu sehen sind, kann nicht geklärt werden. Dort werden einerseits männliche wie weibliche Qedeschen verboten. Andererseits wird abgelehnt, dass das aus Prostitution lukrierte Geld ins Heiligtum kommen soll und dazu kein Gelübde verpflichten könne (vielleicht wird darauf in Spr 7,14 angespielt?). Ob ein Phänomen wie die Qedeschen letztlich dazu angeregt und dazu beigetragen hat, dass in der metaphorischen theologischen Rede Fremdgötterverehrung mit Hurerei gleichgesetzt wird, kann angenommen, aber nicht bewiesen werden. Diesem Aspekt wird sich das zehnte Kapitel widmen.

5. Geile Männer

Dem Abschnitt über das Stereotyp der Frau als Verführerin in der Elternunterweisung kann ein ebensolches über Männer gegenübergestellt werden, das sich vor allem aus Texten aus dem großen Kanonteil der Prophetie speist. Obwohl in der Metaphorik des Ehebundes zwischen Gott und Volk letzteres aufgrund hierarchischer Vorstellungen patriarchaler Gesellschaften selbstverständlich die weibliche Rolle einnimmt, wird durch die weibliche Personifikation nicht verschleiert, wer die eigentlich Schuldigen dieses „Ehebruchs" sind, nämlich die Männer, die das Sagen haben.

Ein treffendes Beispiel dafür liefert die Rede in Jer 5, in der V7f. gerade den Gebildeten und Hochstehenden der Gesellschaft sexuelle Gier vorwirft, wenn Männer als geile Hengste dargestellt werden, die jeder fremden Ehefrau nachstellen und zudem noch Bordelle frequentieren.

Auch Hos 4,11–14 spricht hier Bände: Nach dem Vorbild der angesehenen Männer gewähren sich auch deren Töchter und Schwiegertöchter sexuelle Freiheiten. Nicht sie werden daher eigens bestraft, sondern vor allem die zu ihnen gehörenden Männer, die im doppelten Sinn huren: Sie brechen die Ehe und lassen sich mit Prostituierten und Qedeschen ein (V14). „Die Frage, ob das Beiseitegehen mit den Dirnen kultisch und das Opfern mit den Quedeschen sexuell verstanden werden muss, kann für Hosea nicht beantwortet werden".[56] Der prophetische Kontext lehnt solches Verhalten, das Sexualität als Konsumgut handelt, strikt ab. Wenn Am 2,7 einen Mann anklagt, weil er und sein Vater zur selben jungen Frau gehen, wird sexsüchtiges Verhalten ohne Scham angesprochen. Die Frau wird jedoch nicht als Prostituierte bezeichnet und mit keinem Wort gescholten. Der Kontext lässt darauf schließen, dass sie zur – auch sexuell – ausgebeuteten Unterschicht gehört, der durch das ökonomische System des sogenannten Rentenkapitalismus die Existenzgrundlage entzogen worden ist (vgl. 8,4–6).

Es gibt aber auch Texte, die völlig unbefangen von sexuell überaus aktiven Männern jenseits aller Moralvorstellungen erzählen. Ein solch spezieller Fall ist mit der Figur des Simson gegeben. Das Erste, das unmittelbar nach dem Erwachsenwerden erzählt wird, ist die Durchsetzung einer exogamen Ehe gegen den Willen der Eltern (Ri 14,1–4). Er sieht in Timna eine junge Philisterin, die in seinen Augen die Richtige ist (V3). Wenn die meisten Bibelübersetzungen diese Begründung *jšr b'nj* mit „die mir gefällt" übersetzen (V3.7), so gibt dies nicht die Bedeutung im Text wieder, denn die Frau ist die Richtige für das, was er vorhat, nämlich einen kriegerischen Kon-

---

[56] Renate Jost, Hure/Hurerei (AT), 2007, in: WiBiLex, online: https://www.bibelwissenschaft.de/stichwort/21670/ [zuletzt abgerufen 1.2.2021].

flikt zu provozieren, und dieses Vorhaben kommt zudem von JHWH (V4).

Der Text lenkt die Empathie auf Simson, der durch besondere Umstände seiner Geburt (Ri 13) und die Heldentat der Löwenbezwingung (14,5–9) bereits hervorgehoben ist. Wechselt man den Blickwinkel und nimmt jenen der jungen Braut ein, so muss man feststellen, dass es überhaupt nicht um sie geht; sie ermöglicht nur, dass der Mann sich gefahrlos in die Reihen der Philister einschleusen kann. Von einer Liebesheirat kann also trotz freier Partnerinnenwahl nicht die Rede sein – und das argwöhnen auch die Philister von Anfang an. Beim siebentägigen Hochzeitsfest stellen sie bereits dreißig Männer ab, die ihn unter Kontrolle halten sollen (V11). Als er den Hochzeitsgästen ein Rätsel aufgibt und dessen Lösung mit einem Preis hoch dotiert, drohen die Eingeladenen der Braut mit der Vernichtung der Existenz des Vaters, sollte sie die Information nicht von ihrem Bräutigam beschaffen (V12–18). Daraufhin weint die Braut die gesamte Hochzeitswoche lang und macht ihm Vorhaltungen, dass er sie nicht liebe, sondern vielmehr hasse (V16). Am letzten Tag des Gelages gibt er schließlich des Rätsels Lösung preis, die wohl auf die unmittelbar vorher erzählte Löwenepisode bezogen werden muss (V8f.18), aber auch einfach „Liebe" heißen könnte (vgl. Hld 4,11; 5,16).[57] Als die Wettkumpanen es triumphierend mitteilen, beschuldigt er sie, mit seinem Kalb gepflügt zu haben (V18), hält die Wette aber dennoch ein und holt die versprochenen Festgewänder von einer Gesellschaft in Aschkelon, die er tötet und entkleidet (V19). Simson bleibt freilich nicht in Timna, sondern kehrt in sein Elternhaus zurück. Dass er eine spezielle Form einer Besuchsehe führe,[58] ist aufgrund der erzählerischen Verwicklungen ausgeschlossen. Der Vater der Braut, der den ganzen Handel durchschaut, gibt aufgrund dieses Vorfalls samt der Absenz des Ehemannes seine Tochter einem Philister in die Ehe (V20).

---

[57]   Zu weiteren Deutungen Cheryl Exum, Was sagt das Richterbuch den Frauen?, Stuttgart 1997, 50.

[58]   Hans-Friedemann Richter, Geschlechtlichkeit, Ehe und Familie im Alten Testament und seiner Umwelt, Bd. 1, Frankfurt am Main 1978, 89–91.

Um weiter zu provozieren, besucht Simson sie jedoch nach einiger Zeit wieder und will mit ihr schlafen, was der Vater in Anbetracht der Wiederverheiratung der Tochter zu verhindern weiß, ihm aber seine jüngere Tochter statt der älteren anbietet (15,1f.). Als Simson daraufhin die landwirtschaftlichen Ressourcen von Timna vernichtet, suchen dessen Bewohner die Schuld beim Schwiegervater, der Simson die Frau zwangsgeschieden habe, und brandschatzen die Familie (V6), wodurch auch Simsons namenlose Frau und deren Vater umkommen. Diese Ehe war strategisch arrangiert; Simson hatte offenkundig keinerlei Willen zur Familiengründung und provoziert gerade dadurch den Vater der Braut, für die bereits die Hochzeitswoche ein eheliches Desaster ist, in dem sie sich zwischen zwei Fronten vorfindet und mit dem Tod bedroht wird – keine günstigen Voraussetzungen, um eine junge Liebe zu genießen ...

Die nächste Frau, zu der Simson geht, ist eine Prostituierte in Gaza (16,1). Auch dort nützt er den „sexuellen Abstecher" zu einer Provokation, indem er bei der Heimkehr die Stadttore aus den Angeln hebt und wegträgt.

Die weitaus berühmteste Frau der Simson-Erzählungen ist jedoch Delila. Nach 16,4 liebt er diese Frau, die offenkundig ihr eigenes Haus besitzt, aber weder durch eine Genealogie noch durch einen familiären Kontext vorgestellt wird. Wenn dann noch Philisterfürsten ihr Geld dafür bieten, dass sie ihn betören solle, damit man seiner habhaft werden kann, dann wird deutlich, dass es sich bei Delila wohl um eine käufliche Frau handelt, wenngleich sie nirgends als Prostituierte bezeichnet wird. In intimer Atmosphäre versucht sie, ihm das Geheimnis seiner Kraft zu entlocken, wobei der Mann jeweils andere Varianten von Fesselungen erfindet und an sich geschehen lässt, die gerade im Kontext sexueller Handlungen an BDSM-Fesselspiele denken lassen. Beim Ruf, dass die Philister über ihm seien, kann er sich aber jeweils losreißen (V5–14), was wiederum auf ein Safeword zum sofortigen Abbrechen entsprechender sexueller Handlungen schließen lässt und Delila in den Dunstkreis einer Domina stellen könnte.

Der Erzähler macht deutlich, dass Simson die Taktik philistäischer Frauen eigentlich bereits kennen müsste, denn auch seine Ehefrau aus Timna drang so lange in ihn, bis er ihr die Lösung des Rätsels verriet (14,17f.). Aber auch der als Signal zur Beendigung des schmerzzufügenden Spiels benutzte Schlachtruf, den Delila jeweils zur Probe ausstößt, macht ihn bei dieser Frau, der er offenkundig sexuell verfallen ist, nicht hellhörig. Erst als die Liebesfreuden durch ihr Gezeter, nicht geliebt zu werden, und ihr Drängen, die wahre Ursache seiner Stärke zu offenbaren, empfindlich gestört werden, gibt er auch dieser Frau sein Geheimnis preis (16,15) – der hebräische Text sagt, dass er ihr sein „ganzes Herz kündete". Sie erkennt, dass er diesmal die Wahrheit sagt und verständigt die Philisterfürsten, die mit dem Geld in der Hand zu ihr kommen. Diese Szene funktioniert erzählerisch nur, wenn man annimmt, dass Simson nicht bei ihr wohnt und seine Tage mit ihr verbringt, sondern nur zum Sex bei ihr vorbeikommt. Sie lässt ihn in ihrem Schoß einschlafen – wohl der ermattete Schlaf nach sexueller Befriedigung mit der Frau, die er begehrt und liebt, weshalb er blind für die durch sie drohende Gefahr ist (V19). Diesmal entkommt er beim Ruf der Worte jedoch nicht und wird von den lauernden Männern geblendet. Seine Geliebte hat ihn verraten, sie liebt ihn nicht, andernfalls sie kaum zulassen würde, dass Männer, die sie und ihren Gespielen beim Sex auch beobachten können, sich in ihrem Schlafzimmer verstecken (V12).

Wie vielfach bemerkt, kommt der Schnitt in die seine Kraft gewährende Haarpracht einer symbolischen Kastration gleich: Simson verliert dadurch seine in vielen Lebensbereichen so grandios zur Schau gestellte Potenz. Aber der eigentliche Grund wird in V20 mitgeteilt: JHWH hat ihn verlassen – Simsons Aktion war offensichtlich für die Gottheit allzu einfältig. Die Geschichte Simsons, die schließlich tragisch für den Helden endet, erzählt damit von einem sexuell breitgefächert aktiven, sich aber nicht bindenden Mann, einem klassischen Playboy, der Frauen benützt, sexuell, aber auch politisch, dem aber schließlich sein Hang zu käuflichen Frauen zum Verhängnis wird.

6. Alkoholmissbrauch und Sexualität

Berauschende Getränke, seien sie aus vergorenen Früchten gemacht wie Wein oder Granatapfelmost, aber auch Bier, sind im AO weit und breit in ihrer durchaus zwiespältigen Wirkung bekannt. Sie werden einerseits hoch geschätzt und andererseits in ihrer den Verstand trübenden Wirkung auch gefürchtet. So empfiehlt etwa die Königin von Massa in der Prinzenunterweisung an ihren Sohn Lemuël, sich des Weines zu enthalten, da er die für einen König nötige Urteilsfähigkeit in der Rechtsprechung trübe, die Bestechlichkeit fördere und damit das gerechte Urteil und das Eintreten für die Bedrückten erschwere (Spr 31,4–9). Alkohol empfiehlt sie hingegen als Mittel gegen Sorgen und Verbitterung und spricht damit die zumindest zwischenzeitlich einsetzende stimmungshebende Wirkung vergorener Getränke an.

Ein Zuviel an Alkohol ist allerdings der Feind jeder Erotik. Ein Übermaß enthemmt und führt zum Verlust der Selbstbeherrschung (vgl. die Entblößung Noahs vor seinen Söhnen: Gen 9,20–27), er lässt das Wohlleben zum Lotterleben werden, das mit Prostituierten verbracht wird (Sir 19,2; 9,3f.6). So wird der ersehnte Genuss, der über sich hinausweist, zur sprichwörtlich gewordenen liederlichen Trias von Wein, Weib und lärmendem Gesang. Ein Alkoholexzess lässt Hemmschwellen überschreiten, nimmt im Kontrollverlust der Trunkenheit das Verantwortungsbewusstsein und kann sogar zu Ehebruch (Sir 9,9) und Inzest (Lot mit seinen Töchtern: Gen 19,31–38) führen. Im schlimmsten Fall verhindert er die sexuelle Begegnung, auf die man sich mit dem Wein doch gerade freudig vorbereitet hatte: So fällt der von sexueller Begierde nach Judit besessene Holofernes aufgrund von unmäßigem Weinkonsum in einen Tiefschlaf und wird im wahrsten Sinne des Wortes kopflos (Jdt 12,10–13,8).

Dass nicht nur Männer Alkoholprobleme haben können, stellt Sir 26,8–12 fest und sieht ähnliche Folgen bei den Frauen, bei denen jedoch außereheliche Sexualität ein todeswürdiges Verbrechen und nicht bloß unerwünschtes Verhalten darstellt. Dass zu viel Alkohol die Hemmungen und Hüllen fallen lässt, und solche Frauen daher für alle zu haben sind, beschreibt der Sirachtext drastisch-realistisch. Die Bibel ist hierin nicht geschlechterstereotyp. Wein und Most rauben den Verstand bei Mann und Frau, bei allen Generationen und können bei allen zu Promiskuität führen (vgl. Hos 4,11–14).

Aber auch Aggression als Folge von Alkoholkonsum ist der Bibel nicht fremd und gibt Anlass, Beziehungen endgültig zu zerstören (Sir 31,25f.29–31). Steigert er sich zum Alkoholismus, zerstört er auch die Lebensgrundlage ganzer Familien, da der Nachschub für den neuerlichen Rauschzustand zum einzigen Lebensziel wird und durch die Vernachlässigung der Arbeit der Lebensunterhalt nicht mehr gewährleistet werden kann (Spr 23,20f.29–35). Wo allein gefeiert wird, ist Wein kein Symbol des Festmahls mehr, sondern ein Hinweis auf asoziales Verhalten (1 Sam 25,36). Eine weise Ehefrau wie Abigajil lässt ihren schwer betrunkenen Ehemann Nabal, der die Torheit im Namen trägt, links liegen und bespricht in diesem Zustand keine wichtigen Dinge mit ihm, sondern handelt allein nach eigenem Verantwortungsbewusstsein.

Berauschende Getränke können zwar sexueller Begegnung förderlich sein, aber ein Zuviel davon lässt einerseits zügellos werden und ist andererseits der sexuellen Potenz abträglich. Insofern ist der alkoholische Trank durchaus zwiespältig. Wer sich in der Dosis nicht zu beherrschen vermag, kann auch Kontrollverlust mit ungeahnten Konsequenzen erleben.

VIII. Sexualität und Fest –
Sexualität als Fest

Reguläres Erwachsenenleben ist in biblischen Zeiten durch ein im Alltag gelebtes Geschlechtsleben geprägt. Insofern gehört sexueller Vollzug mehr zur Normalität als zur festlichen Ausnahme. Wird Sexualität erfüllt und im beiderseitigen Einvernehmen gelebt, hat sie jedoch die Potenz, den Alltag punktuell zum Fest werden zu lassen und damit ein beglückendes Leben zu führen.

1. Der berauschende Genuss sexueller Vereinigung

Dem Wein ist die Bibel nicht abhold (Ps 104,15); er wird sogar als Lebenswasser bezeichnet (Sir 31,27f.). In Maßen getrunken gehört er zu einem genussreichen Leben (Koh 9,7), bewirkt Fröhlichkeit und Jubel, lässt über inadäquate anerzogene Zurückhaltung hinausgehen und falsche Tabus fallen. Er kann daher durchaus als Aphrodisiakum, als ein Mittel zur Steigerung des Lustgewinns im Geschlechtsleben, verwendet werden (Koh 2,3).

So preist vor allem das Hohelied häufig die Liebe und den Wein gemeinsam, indem das Fröhlichmachende und Berauschende hochgeschätzt (1,4) und sogar die Liebe als noch köstlicher als Wein gerühmt wird (4,10), die Küsse als noch beglückender als die Verkostung des Rebensafts besungen werden (7,10). Der Liebesvollzug mit seinen Vorspielen und Ritualen wird als Führen in das Weinhaus (2,4) und Trinken des Würzweins (7,3; 8,2) umschrieben. Die geschlechtliche Vereinigung bebildert 5,1 mit dem Trinken von Wein und Milch und 8,2 mit dem Genuss von Wein und vergorenem Granatapfelsaft, wobei beiden Berauschendes innewohnt und damit auch die Ekstase als Erfahrung des Außer-sich-Geratens sowohl in der glücklichen sexuellen Begegnung als auch im Trinken von Alkoholischem angesprochen wird.

Wein und sexueller Genuss bilden neben Gaumenfreuden, die Früchte (2,3.5; 4,16; 7,8f.14), feine Speisen (Spr 9,2.5) und Backwerk (Hld 2,5; vgl. 2 Sam 13,8–11) bieten, begleitet von anregender Musik, die perfekten Zutaten für orgiastische Sinnenfreude (Hld 5,1; 7,10). So verwundert es nicht, dass Salomos üppige Tafel berühmt ist (1 Kön 5,7; 10,5; Hld 1,12), der sexuell überaus aktive Simson Honig in Fülle verzehrt (Ri 14,8f.) sowie bei Trinkgelagen gerne dabei ist (V10–12) und auch Frau Weisheit ihren Wein schon gemischt hat, wenn sie in ihr Haus einlädt (Spr 9,2). Auffällig für solch erotische Bilderwelten ist der sehr seltene Verweis auf Fruchtbarkeitssymbole wie etwa den Weizenhaufen (Hld 7,3; vgl. Rut 3,7).

Aber das opulente Mahlhalten muss nicht notwendigerweise mit Sinnenfreuden verbunden sein. Das zeigen die Gastmähler im Esterbuch, die allesamt aus Gründen der in königlichen Kreisen für notwendig erachteten Repräsentation veranstaltet werden und daher den wahren sinnlichen Genuss nicht bieten können, selbst wenn sie über lange Zeiträume und mit großem Luxus veranstaltet werden (vgl. 1,2–8). Berauschende Getränke, süße Speisen und festliches Ambiente allein schaffen noch keine erotische Atmosphäre, diese muss von den Feiernden beigetragen werden. Dann aber können sie den Rausch der Sinne durchaus noch steigern und eine Wirkung erzeugen, wie Wein sie erreicht – oder sogar noch in stärkeren Sinnestaumel bis zur Ekstase führen.

2. Ein Fest für alle Sinne

Erotik auf genitale Lust zu reduzieren impliziert eine Beschränkung auf das eigene Erleben, lässt die Wünsche und die Persönlichkeit des Gegenübers unberücksichtigt und macht die geschlechtliche Begegnung zwar *cool*, aber ohne emotionalen Tiefgang. Das Hohelied versteht unter Erotik das glatte Gegenteil: Die ausführlichen gegenseitigen Beschreibungen der Liebenden sind ganz auf den geliebten Menschen konzentriert, ohne dass die eigene Emotion und Lust dadurch aufgegeben würde. Der fast flächendeckende Gebrauch von Sprachbildern zur Beschreibung der Körper und der sexuellen Handlungen kreiert eine erotische Atmosphäre, die *heiß* ist, keine Angst vor Pathos hat und in Superlativen schwelgt. Dennoch macht das Hohelied die Lesenden nicht zu Voyeur*innen. Die Anonymität der Figuren – mit der Ausnahme der Königstravestien, in denen Salomo der Protagonist ist, und der davon abgesetzten Nennung des Frauennamens Schulammit in 7,1 – begünstigt die Identifikation mit den Sprechenden und lässt die Leser*innen an den besungenen erotischen Begegnungen teilhaben.

Das Hohelied stellt die Liebe als Fest für alle Sinne dar. Dabei kommt – ganz entgegen heutiger Vorstellungen – dem Tastsinn, bei dem das Angreifen das Wichtigste ist, eine eher geringe Bedeutung zu. Streng genommen gibt es nur wenige Stellen, die ausschließlich auf diesen Sinn verweisen:

> Seine Linke unter meinem Kopf, seine Rechte umarmt mich. (2,6; 8,3)

Refrainartig umrahmen diese Umarmungen, denen jeweils der Weingenuss als Bild der geschlechtlichen Vereinigung vorangeht (2,4; 8,2), das Buch. Wenn der Geliebte für seine Zärtlichkeit sowohl die rechte als auch die linke Hand benützt, so ist damit nicht nur auf seine ganzheitliche Zuwendung verwiesen, sondern auch auf die feste Umarmung im Liebesspiel, die kein Haar mehr zwischen die beiden kommen lässt. Eine weitere haptische Erfahrung ist in der nächtlichen Besuchsszene bei der Geliebten ins Bild gesetzt: Der Geliebte, der seinen *jad* (die Hand steht häufig für den Penis, siehe Kap. 1) durch die Luke streckte, lässt die Geliebte die fließende, tropfende Myrrhe an den Fingern spüren (5,5). Auch das Ersteigen der Palme und das Ergreifen ihrer Rispen in 7,8f. setzt eine Erfahrung des Tastsinns ins Bild.

Das Hören ist im Hohelied nicht von allzu großer Bedeutung und wird kaum metaphorisiert. Die Stimme der Geliebten wünschen die Liebenden zu hören (2,8.14, 5,2; 8,13), und in 2,12 wird die Zeit der Liebe als Zeit des Singens auch durch das Gurren der Tauben charakterisiert.

Hoch bedeutsam für die Erotik des Hohelieds ist der Geruchssinn, der die Düfte der Liebenden, aber auch der freien Natur in sich aufsaugt. Dabei ist vor allem von Gerüchen natürlicher Substanzen und Pflanzen wie Myrrhe, Narde, Weihrauch und Balsam (1,12–14; 3,6; 4,13f.16; 5,1.13; 6,2) die Rede, die auf den Duft der Liebenden verweisen (4,6.13f.16; 5,1.5.13; 6,2), und von zu Ölen verarbeiteten Parfums (1,3; 4,10f.). Aber auch bei Früchten wie Äpfeln, Granatäpfeln, Trauben und Feigen (2,1.5.13; 4,3.13; 6,7; 7,13f.), bei Zedernholz (1,17; vgl. 8,9) und Blumen mit stark duftenden Blüten wie den šošanim, seien dies nun Lilien oder Lotusblüten (2,1f.; 5,13; 7,3), schwingt eine Duftkomponente mit, die beim Bild des Weidens in den Lilien (2,16; 4,5; 6,3; vgl. 6,2) auf das Sättigen sowohl der Augen und der Nase als auch des Mundes hinweist.

Blumen und erwachende Gewächse im Frühling in freier Natur (1,16; 2,12; 6,11; 7,12f.) erfreuen aber nicht nur durch ihren Duft, sondern auch durch ihre Farben. Das Sehen ist in dieser Liebeslyrik mit ihren Beschreibungsliedern wohl der wichtigste von allen Sinnen. Die Verbalisierung von allem Geschauten oder Imaginierten zeigt die Intensität der Erkundung des gesamten Leibes und seiner Freuden, die je neue Überraschungen bietet, aber auch ein vertrautes Sich-Auskennen bewirkt. Die vielfältigen Metaphern inszenieren zwar die nackten Körper der Liebenden, sie bedecken sie aber zugleich mit ihrer Bilderwelt. Das Spiel der Verhüllung durch einen wohl hauchdünn gewebten Schleier entfaltet dabei seinen eigenen Reiz, da er das Antlitz dahinter, das auf Entschleierung wartet, durchscheinen lässt (4,3; 6,7).

All die Kostbarkeiten, die sich sehen, riechen und schmecken lassen, finden sich in Gärten, die durch Schatten und Bewässerung auch kühlende und erfrischende Wirkung bereithalten. Wenn die Geliebte daher als verschlossener Garten und versiegelter Quell, der aber das Wasser in Strömen fließen lässt, beschrieben wird, so setzt diese Metapher des Kommens in den Privatgarten die multidimensionale Befriedigung ausschließlicher Liebeshingabe trefflich ins Bild (4,12f.; 4,15–5,1; 6,2).

Sinnlich polyvalent ist der Mund, der nicht nur die Liebeslieder singt, die Sensationen in Worte fasst und hocherotisch in seiner roten Farbe schimmert, sondern in der Liebkosung schmecken und tasten kann. Das Lied der Lieder beginnt mit dem Küssen von Küssen (figura etymologica: 1,2), die zur Liebe, die süßer als Wein ist, dazugehören und sie ausdrücken (8,1). Hat das Küssen erst einmal begonnen, drängt alles auf baldige Erfüllung (1,4). Das Innere des Mundes wird durch die intensiven Küsse wie Honig erfahren, der unter der Zunge erschmeckt wird und von den Lippen tropft (4,11; 5,1). Das durch Honig und Wabenwachs angedeutete Zerschmelzen aller Glieder unter der Zärtlichkeit des geliebten Menschen setzt die völlige Hingabe an die Liebkosung und die Lust, die die Sinne schwinden lässt, treffend ins Bild.

Solche ekstatischen Sinneseindrücke heben sich unvergesslich aus dem Alltag ab und drängen nach Wiederholung (8,7; vgl. Sir 24,21). Im Suchen und Sehnen nach dem Geliebten (Hld 1,7; 3,1-3; 5,6-8; 6,1), in der Begierde nach der Geliebten (7,11) drückt sich jedoch keine Sexsucht aus, die ausschließlich auf abermaliges Erleben der Lust zielt, sondern vielmehr der Wunsch, mit dem geliebten Menschen beständig in der Atmosphäre des Glücks zu verweilen und dessen Einzigartigkeit zu erleben (2,3; 6,9).

3.   Zwischen Sehnsucht und Erfüllung: die Liebenden des Hohelieds

Dass die Bibel ein ganzes Buch gelingender Sexualität ohne ehelichen Kontext widmet, wurde erst im letzten Jahrhundert wieder staunend wahrgenommen. Denn das Hohelied der Liebe war zwar immer Teil des dreigeteilten jüdischen und auch des christlichen Kanons, aber es wurde fast durchgängig ausschließlich allegorisch ausgelegt. Seine Gesänge preisen nach diesem Verständnis die Gottesliebe in ihrer zweifachen Dimension der göttlichen Liebe zu den Menschen und der menschlichen Liebe zu Gott.[59] Dass man zumindest in der Antike die hocherotischen Lieder als solche gelesen hat, da-

---

[59]   Vgl. dazu Kap. 10 sowie Irmtraud Fischer, Israels wache Sinne für seinen sinnlichen Gott, in: BiLi 78 (2005), 234-240.

rauf verweist die rabbinische Diskussion, ob denn das Buch in den Kanon gehöre oder nicht. Im Traktat Sanhedrin 101a des Babylonischen Talmuds findet sich das Verbot, die Lieder des Buches in Weinschänken zu singen, also dort, wo Sexualität wohl auch außerhalb der Ehe (käuflich) zu haben war. Das Verbot lässt freilich auf eine gängige Praxis schließen. Aufgrund der allegorischen Deutung gewannen die Befürworter der Aufnahme dieses Buch in die Heiligen Schriften, und sie bewahrten damit ein Juwel hebräischer Poesie, das in der Qualität der Dichtung den vielen altorientalischen und ägyptischen Liebesliedern nicht nachsteht.

In der Liedersammlung des Hohelieds ist nirgends von einer Ehe zwischen den beiden Liebenden die Rede. Selbst in der Königstravestie von 6,8, in der die Geliebte den sechzig Königinnen, achtzig Nebenfrauen und unzähligen jungen Frauen gegenübergestellt wird, wird die Geliebte als einzig(artig) von dieser Vielzahl von Frauen mit legalem Status, die einem Harem gleichkommen, abgesetzt.[60] Inwiefern diese poetischen Texte jedoch reale sexuelle Begegnungen ohne ehelichen Kontext beschreiben, ist in der Forschung umstritten. Manche nehmen an, dass es Brautlieder sind, wodurch der eheliche Kontext vorgegeben sei, da doch die Bibel keine unmoralischen Verhältnisse besingen könne,[61] die Frau häufig als Braut angesprochen wird (*kalla* 4,8–11; 5,1) und in der Königstravestie in 3,11 vom Tag der Hochzeit die Rede ist. Dies kann allerdings genauso metaphorisch verstanden werden wie die Rede von Bruder und Schwester (5,2; 8,1). Andere nehmen an, dass die Textwelten des Hohelieds (vor allem oder gar ausschließlich) von der Sehnsucht genährt würden und damit erotischen Tagträumereien nahe stünden.[62]

Gegen die erste These sprechen eindeutig Textabschnitte wie 2,9f.; 3,1–4; 5,2–8 oder 8,1f.: Der Mann kommt überra-

---

[60] Siehe Irmtraud Fischer, Salomo und die Frauen, in: Frank-Lothar Hossfeld / Ludger Schwienhorst-Schönberger (Hg.): Das Manna fällt auch heute noch, Freiburg i. Br. 2004, 218–243.

[61] Gianni Barbiero, Das Hohelied als einheitliches Gedicht, in: Ludger Schwienhorst-Schönberger (Hg.): Das Hohelied im Konflikt der Interpretationen, Frankfurt 2017, 57–88.

[62] Othmar Keel, Deine Blicke sind Tauben, Stuttgart 1984, 13: „die eigentliche Auftraggeberin ist doch die Sehnsucht".

schend im Schutz der Nacht zu seiner Geliebten (5,2f.). Einem Bräutigam, nach dem man sich sehnt, nach der Hochzeit das Tor zu verschließen, wäre absurd. Ein Ehemann und wohl auch ein Verlobter hat selbstverständlich auch ins Haus der Braut Zutritt, und die Ehe wird aufgrund der virilokalen Eheform nicht im Haus der Mutter vollzogen (3,4), sondern im Haus des Ehemannes. Dass die Texte auch als Sehnsuchtslieder zu lesen sind, versteht sich von selber, da das Paar ja nach dem Hinweis in den Texten nicht immer beisammen ist – was ebenso gegen den ehelichen Kontext spricht. Aber es sind nicht nur Sehnsuchtsgedichte zweier Jugendlicher, denn das Wissen um die Nacktheit des geliebten Menschen in einer Kultur, die (ganz anders als unsere heutigen westlichen Kulturen) Nacktheit in der Öffentlichkeit tabuisierte,[63] sowie das Wissen um die Vorgänge der sexuellen Vereinigung sind Indizien für vollzogene und nicht nur ersehnte Geschlechtlichkeit. Annette Schellenberg hat kürzlich alle sprachlichen Formulierungen untersucht, die klar auf den Geschlechtsverkehr deuten, und verweist neben vielen Einzelaspekten vor allem auf *dodim* (1,2.4; 4,10 [2x]; 5,1; 7,10.13), womit nicht allgemein die Liebe bezeichnet wird wie bei *'ah^aba* (2,4.5.7; 3,5.10; 5,8; 7,7; 8,4.6.7), „sondern ganz spezifisch die körperliche Liebe: das Liebemachen".[64]

Die Beschreibungslieder finden sich sowohl im Mund des Mannes als auch der Frau. Der für Großinszenierungen bekannte Regisseur Volker Hesse hat 2018 in seiner beeindruckenden Bühnenversion des Alten Testaments am Grazer Schauspielhaus Teile des Hoheliedes, die die Frau singt, von Männern und Teile der Beschreibungslieder des Geliebten von Frauen vortragen lassen und damit *gender-bender* Effekte erzielt, die aber wohl nur jenen bewusst geworden sind, die das biblische Buch kennen. Die Lieder beschreiben die Qualität einzelner Körperteile, wie sie sich nur unbedeckt erschließen. Die Geliebten werden dabei entweder von Kopf bis Fuß (1,10–14; 4,1–7; 5,11–15; 6,5–7) oder umgekehrt (7,2–11) mit vielen Vergleichen

---

[63]   Vgl. Jürgen van Oorschot u. a. (Hg.): Nacktheit – transdisziplinäre anthropologische Perspektiven, Münster 2019.

[64]   Annette Schellenberg, „In seinen Garten komme mein Geliebter und esse seine köstlichen Früchte" (Hld 4,16), in: JBTh 33 (2018), 65–84, hier 66.

aus ganz unterschiedlichen Bereichen beschrieben, wobei das Gesicht wohl auch aufgrund seiner kommunikativen Funktion häufiger Aufmerksamkeit erhält. So werden die Augen, die tief sind wie die Teiche von Heschbon (7,5), häufig mit Tauben, den Botentieren der ao. Liebesgöttin, verglichen. Sie stehen für jene Momente des Werbens, die die Empfänglichkeit für die Liebesbotschaft beim Gegenüber abtasten und gleichzeitig ohne Worte das Begehren steigern (1,15; 4,1; 5,12). Die gurrende und turtelnde Taube steht aber auch für die flirtende Geliebte (2,12.14; 5,2; 6,8f.), ebenso wie die Stute an Pharaos Wagen (1,9), die in der Ikonographie immer geschmückt dargestellt wird. Gold, Juwelen, kostbare Geschmeide und Schmuck aller Art (4,4.9; 5,11.14f.; 7,2.5) sowie Luxuswaren (vgl. 3,9f.), von denen der kostbare Purpur hervorzuheben ist (4,3; 7,6), sind die Bildgeber für die Beschreibung der begehrten Körper, deren Teile auch mit kostbarem Baumaterial wie Marmor und Zedernholz (5,15) und deren stolze Festigkeit mit wehrhaften Mauerteilen verglichen werden (4,4; 7,5). Das quicklebendige Spiel beim Werben um den geliebten Menschen wird einerseits durch den Tanz symbolisiert, der auch den Körper von allen Seiten sehen lässt (2,17; 7,1), andererseits durch Tiere, deren Schnelligkeit und Grazilität im Sprung Bewunderung finden (Hirsch und Gazelle 2,8f.17; 8,14) oder deren Vielzahl in einer Herde sich wie Locken der Haare bewegen (4,1; vgl. 7,6). Die gleich einer Liebeserklärung immer wieder von beiden Liebenden betonte Schönheit (*jph* 1, 8.15f.; 4,1.7.10; 6,4.10; 7,2.7) kann sich auch auf Einzelteile des Leibes beziehen, insbesondere auch auf das Ebenmaß der paarweise angelegten Zahnreihen (4,2.5) und der Brüste der Frau (4,5; 7,4).

Für das Verstehen der Sprachbilder dieser Beschreibungslieder muss man freilich die Ikonographie zu Rate ziehen, in der Natur und gleichzeitig im Luxussegment der Waren bewandert sein und berücksichtigen, dass nicht so sehr das Aussehen, als vielmehr die Funktion(en) den Vergleichspunkt bilden. Wenngleich die Nacktheit aktuell nicht real sein muss, sondern ebenso im erotischen Tagtraum imaginiert werden kann, muss sie doch zuvor erlebt worden sein, zumal die ao. Kulturen keine alltäglich offensive Zurschaustellung entblößter Körper kennen. Die Geliebten haben jedenfalls keinerlei

Scheu, dies durchscheinen zu lassen, denn insbesondere die Frau steht in Kommunikation mit den Töchtern Jerusalems (1,5; 2,7; 5,8f.16; vgl. 3,11; 6,9), denen sie ihren Geliebten beschreibt (5,10–16), die sie beschwört, die Liebe nicht zu stören (2,7; 3,5; 8,4), die ihr helfen, den Geliebten suchen (5,8; 6,1) und vor denen sie bekennt, dass sie krank sei vor Liebe und Sehnsucht (5,8).

Dieser der Liebe sehr positiv gestimmten weiblichen Gemeinschaft, zu der wohl auch die Mutter zu zählen ist, in deren Haus sie mit ihrem Geliebten kommen kann (3,4), stehen zwei männliche Gruppen gegenüber, die auf der Seite von „Zucht und Ordnung" stehen: Die Wächter der Stadt, die die junge Frau, die des nachts ihren Geliebten sucht, aufgreifen, ihren Mantel entwenden und sie sogar schlagen (3,1–4; 5,6–8), sowie ihre Brüder, die sie beschuldigen, ihren Weinberg, der wohl für ihren Leib steht (vgl. 8,11f.), nicht entsprechend gehütet zu haben (1,6; 2,15). Dieser gesellschaftlich durchaus ambivalenten Bewertung der Liebe der beiden steht die unverbrüchliche gegenseitige Zuneigung und ihre Gewissheit der Zusammengehörigkeit gegenüber (2,16; 6,3; 7,11). Auch wenn sie legal noch nicht verbunden sind, ist ihre Liebe auf Dauer besiegelt und die eigentliche Kraft und Leidenschaft ihrer Liebe doch die Sehnsucht, die brennt wie die göttliche Flamme, die selbst durch große Wasser nicht zu löschen ist und sogar dem Tod widersteht (8,6f.).

IX. Sexuelle und sexualisierte Gewalt in Erzähltexten

Wenn man sexuelle Gewalt als Akt definiert, der geschlechtliche Handlungen gegen den Willen anderer erzwingt, und sexualisierte Gewalt als Vorgehen, das auf sexuelles Tun oder geschlechtliche Identität zum Zweck der Durchsetzung von nicht sexuellen Interessen abzielt, dann spiegeln sich beide Formen in biblischen Texten wider.[65] Dabei ist zwischen unrechtem, unter Strafe stehendem Tun und struktureller Gewalt, die bestimmte Akte aufgrund von gesellschaftlichen Konventionen übersieht oder toleriert, zu unterscheiden. Als Beispiel dafür könnte man Vergewaltigung in der Ehe nennen, die in patriarchalen Kulturen, deren Gesetze vor allem die Rechte freier Männer schützen, keiner Strafverfolgung unterliegt.

1. Sexuelle Belästigung und Denunziation

Unter sexueller Belästigung versteht man zudringliche Handlungen, deren primäres Ziel nicht gewalttätiges Erzwingen sexueller Akte ist, sondern sowohl der – freilich inadäquaten – Anbahnung derselben dienen kann als auch der geschlechtsbezogenen Herabwürdigung einer Person. Sexuelle Denunziation hingegen bezeichnet die Verleumdung eines Menschen, indem ihm geschlechtliche Handlungen unterstellt werden, die er so nie begangen hat.

Die Bibel thematisiert diese Sachverhalte an Erzählfiguren beiderlei Geschlechts, wodurch wiederum deutlich wird, dass man weibliche Sexualität durchaus auch mit offensiver Initiative verband, nicht bloß mit weitgehend passivem Verführen.

Ein männliches Opfer sexueller Belästigung mit anschließender Denunziation ist der in Ägypten versklavte Sohn

---

[65] Zu allen Formen von Sexualität und Gewalt im AT siehe Susanne Scholz, Rape Plots, New York 2008.

Rahels und Jakobs, der von seinen Brüdern verkaufte Josef (Gen 37). Potifar, sein Sklavenhalter, behandelt ihn allerdings nicht wie einen Rechtlosen, sondern setzt volles Vertrauen in ihn und übergibt ihm nach dem Erzähleingang in 39,1–6 die gesamte Verwaltung seines Hauses.

Josef wird im Abschnitt um die *Frau des Potifar* als schöner Mann eingeführt (V6). Einige Zeit nachdem er in den Augen seines Herrn Gunst fand (V4), erhebt dessen Ehefrau die Augen in die Richtung des Sklaven (V7) und befiehlt ihm unumwunden und ohne Verführungsversuche, dass er sich zu ihr legen solle (*šikba 'immi*). Wie bereits im Abschnitt über die rechtlichen Gegebenheiten erwähnt, ist dies der einzige biblische Beleg dafür, dass nicht nur Männer, sondern auch Frauen Zugriff auf die Sexualität von Versklavten hatten. Allerdings wird die Szene nach Ägypten versetzt, wodurch sich hier eine Ausländerin an ihrem hebräischen Sklaven vergreift, der ihr jedoch den Gehorsam verweigert. In einer langen Rede (V8f.) begründet Josef sein Verhalten mit der Treue zu seinem Herrn, der ihm arglos alles übergeben hat – außer seine eigene Frau. Mit der Bezeichnung der Tat als „dieses große Unrecht" wird der Ehebruch angesprochen (V8; vgl. 20,9), den die Befolgung des Befehls bedeuten würde und der zudem als Sündigen gegen Gott qualifiziert wird (39,9).

Die Ehefrau seines Herrn beeindruckt diese Rede jedoch keineswegs. Tagtäglich versucht sie, ihn zum Beischlaf zu bewegen, er jedoch verweigert sich beständig. Das Insistieren der Frau wird dabei nicht als Verführungsszene ausgebaut, sondern bleibt monoton beim „Sich-Hinlegen-zu-ihr", nur erweitert um das „Sein-mit-ihr" (V10). Dadurch verliert der Befehl aber seine ausschließlich sexuelle Dimension, und es schleicht sich der Verdacht der Einsamkeit als Handlungsmotiv dieser Frau ein. Ab V11 wird nun ein Tag aus diesen vielen gleichförmigen herausgegriffen. Da niemand im Haus ist, als Josef zur Arbeit kommt, erscheint ihr die Gelegenheit gut, handgreiflich zu werden. Sie packt ihn am Gewand und befiehlt wie schon zuvor (V12 *šikba 'immi*), er jedoch befolgt den Befehl abermals nicht und versucht auch nicht, seine Kleidung ihrer Hand zu entwinden, sondern läuft, ohne ihr nahe kommen zu müssen, aus dem Haus. Die abermalige Zurückweisung macht ihr offenkundig klar, dass Josef nie mit ihr schlafen wird. Das zurückgelassene Kleidungsstück wird daher zum willkommenen *corpus delicti* für ihren Racheakt, durch den sie nun ihrerseits Josef der versuchten Vergewaltigung bezichtigt. Wie zur Vermeidung eines erzwungenen Geschlechtsverkehrs vorgesehen, schreit sie die Leute ihres Hauses zusammen und behauptet, dass der Sklave ihr Gewalt antun wollte, er gekommen sei, um bei ihr zu liegen (V14 *liškab 'immi*), sie jedoch um Hilfe geschrien habe. Josef sei nur durch ihren Schrei von der Tat abgehalten worden, habe aber sein Kleidungsstück zurücklassen müssen, das sie nun als Beweis gegen ihn benutzt und auch ihrem Mann bei seiner Heimkehr wie ein Beutestück präsentiert (V16–18). Mit fast genau denselben Worten, die sie schon zum Gesinde sprach, erzählt sie dem Hausherrn von dem Vorfall (V14f.17f.) und macht ihn in ihrer Rede zum Mitschuldigen am Geschehen, indem sie Josef mit ihrem Ehemann in Verbindung setzt: Sein Sklave hat ihr das alles angetan, den er ins Haus gebracht habe (V17.19). Daniela Feichtinger hat aufgezeigt, dass die Frau des Potifar in der gesamten Erzählung seltsam resonanzlos bleibt.[66] Zwar redet sie mit allen, aber keiner außer Josef redet mit ihr, weder ihr Gesinde noch ihr Ehemann reagieren auf ihre Anschuldigungen. Kein Wort des Mitgefühls oder des Entsetzens wird laut. Wenn ihr Mann in Zorn gerät (V19), wird nicht einmal klar, warum – etwa wegen des Verhaltens seiner Frau?

Ein Sklave, der versucht, die Frau des Hauses zu vergewaltigen, wäre wohl auf der Stelle getötet oder zumindest verkauft worden. Josef aber wird gleichsam versetzt. Denn wenn es heißt, dass er in jenes Haus kommt, wo die Gefangenen des Königs einsitzen, bedeutet dies gewiss nicht, dass er seinen Sklaven ins Gefängnis geworfen habe. Der Alte Orient kennt keine Gefängnisse, in denen man Strafen für Ehebruch verbüßt, sondern in diesen Häusern des Gewahrsams sitzen „politische Gefangene", also bedeutsame Persönlichkeiten, die in Ungnade gefallen sind. Da JHWH Josef auch in den Augen des Gefängnisdirektors Gnade finden lässt (V21; vgl. V4), ist er bald in derselben Vertrauensstellung wie zuvor (V22f.). Die

---

[66] Ausführlich zu Gen 39 siehe Daniela Feichtinger, Josef und die Frau des Potifar, Münster 2019.

sexuelle Denunziation hat Josef also nicht geschadet. Obwohl dies nicht ausgesprochen wird, wird man den Verdacht nicht los, dass Potifar die Verleumdung durchschaut hat, seine Frau dafür jedoch nicht ohne Gesichtsverlust öffentlich anklagen kann. Er tut daher das Klügste, indem er ohne viel Aufhebens den Sklaven aus den Augen der Frau entfernt – ohne ihn zu bestrafen.

Gen 39 erzählt nicht von Verführung und auch nicht von Demütigung aufgrund mangelnder Erhörung des Begehrens, sondern von kontinuierlicher Belästigung am Arbeitsplatz, die schließlich aus Rache für die Befehlsverweigerung in sexuelle Denunziation umschlägt. Eine Sklavin in Josefs Position wäre wohl von ihrem Herrn sexuell genötigt und vergewaltigt, nicht nur belästigt worden, auf ihr Schreien hin wäre nicht einmal das Gesinde gekommen, um nach dem Rechten zu sehen – das lässt die Erzählung von Amnon und Tamar vermuten.

Eine ähnliche Konstellation eines verweigerten Ehebruchs mit nachfolgender sexueller Denunziation findet sich auch mit einer Frau als Hauptfigur: Die griechisch verfasste *deuterokanonische Erzählung um Susanna aus Dan 13* zeigt eine versuchte sexuelle Nötigung durch zwei Älteste gegen eine ehrbare Ehefrau in ihrem eigenen Garten auf.

Die Geschichte ist in zwei sehr unterschiedlichen Versionen überliefert, einmal in der Septuaginta, der griechischen Übersetzung der Hebräischen Bibel aus dem Hellenismus, und ein weiteres Mal in der sogenannten Theodotion-Version, die allerdings im Jahrhundert vor der griechischen Übersetzung des Theodotion, eines jüdischen Gelehrten aus dem 2. Jh. n. Chr., entstanden sein muss.[67] Bedauerlicherweise findet sich allein diese bis heute sowohl in der deutschen Einheitsübersetzung als auch in der „Bibel in gerechter Sprache", dort in der dankenswerterweise eigens abgedruckten griechischen Version des Danielbuches.

Die Handlungsstruktur ist in beiden Versionen dieselbe: Zwei Männer aus dem jüdischen Ältestenrat in Babylon begehren die Ehefrau ihres Kollegen Jojakim, bedrängen sie in

---

[67] Zu beiden Übersetzungen siehe Christina Leisering, Susanna und der Sündenfall der Ältesten, Münster 2008.

deren Garten, und als sie ihnen widersteht, verleumden sie sie des Ehebruchs und klagen sie öffentlich an. Nur durch das beherzte Eingreifen und die Verhörtechnik des jungen Propheten Daniel, dessen Name „Gott ist Richter" für sich spricht, wird die Frau im letzten Moment gerettet. Die Ältesten – die man sich keinesfalls als alte Männer vorstellen muss, da auch junge Männer in die Patriarchenrolle eintreten können, wenn der Vater stirbt und sie als Erstgeborene die Rechtsvertretung der ganzen Familie im Tor übernehmen – werden nach dem Falschzeugenrecht gerichtet (vgl. Dtn 19,16–21). Da Ehebruch, den sie anklagen, ein todeswürdiges Vergehen ist, sind sie damit selbst des Todes.

Die ältere Septuaginta-Version, die wesentlich kürzer ausfällt, stellt eine hierarchiekritische Erzählung dar, die die Gemeinde, die von Susanna repräsentiert wird (in Dan 13,22 „die Jüdin" genannt), in den Händen einer unmoralischen Gemeindeleitung darstellt. Diejenigen, die das Sagen haben und die Entscheidungen treffen, sind entweder abgrundtief verderbt, wie die beiden Belästiger und Denunzianten, oder – wie Susannas Mann – nicht Manns genug, um für Unschuldige einzutreten. Tora-treues Verhalten ist hingegen bei den Frauen und den Jungen zu finden, die in der Rechtsversammlung im Tor aber keine Stimme haben.

Die beiden Patriarchen sehen Susanna, die ohne Argwohn im Garten des Hauses ihres Mannes ihren Abendspaziergang macht, und begehren sie – vorerst unabhängig voneinander. Von Anfang an ist ihnen damit klar, dass die Begierde auf eine Verheiratete trifft, die Erfüllung des Verlangens Ehebruch bedeutet. Am Morgen danach treffen die beiden Männer als Voyeure im Garten aufeinander und beschließen, sie gemeinsam zu bedrängen. Ihre Rede wird nicht überliefert, wohl aber die Antwort der jüdischen Frau, die in der brandgefährlichen Situation, in der sie eine doppelte Vergewaltigung riskiert, völlig rational zu überlegen imstande ist. Scharfsichtig diagnostiziert sie ihre Lage als aussichtslos, denn wenn sie den beiden zu Willen ist, begeht sie Ehebruch, wenn sie sich verweigert, wird sie sexuell denunziert. Sie wird der tödlichen Umklammerung also nicht entkommen und entschließt sich daher, lieber unschuldig in die Hände des Ältestengerichts zu fallen, als vor Gott zu sündigen. Die Männer nötigen die Frau nicht, sie ziehen unverrichteter Dinge ab, gehen unvermittelt ins Tor und lassen Susanna gerichtlich vorführen. Ihre gesamte Familie – ihr Ehemann, ihre Eltern und vier Kinder, einschließlich fünfhundert Angestellten – begleiten die ehrbare Frau. Der erste Akt der gesetzlosen Ältesten ist die öffentliche Entkleidung der Frau, mit der die Ältestenrichter ihr symbolisch die Ehre als treue Ehefrau nehmen, die allerdings ausschließlich zu ihrer Begeilung geschieht. Vor den entsetzten Zuschauer*innen klagen sie Susanna öffentlich an und sprechen auch das Todesurteil über sie. Die Frau lässt sich aber auch davon nicht beeindrucken, gerät nicht in Panik, wie das in einer solchen Situation zu erwarten wäre. Da sie unschuldig ist, kauert sie nicht in ihrer Entblößung vor den Richtern – wie dies auf den meisten Gemälden dargestellt wird –, sondern erhebt sich nackt, um zu ihrem Gott zu beten. In diesem Gebet legt sie die eigene Unschuld und die Ruchlosigkeit der Richter dar – ohne dass sie diesen Rede und Antwort steht. Erst nach dieser Szene formulieren die Männer die Anklage, in der sie sich als Aufdecker eines zufällig beobachteten Ehebruchs präsentieren. Dem jungen Mann sei allerdings die Flucht gelungen, nur der Frau konnte man habhaft werden. Weil zwei Honoratioren der Gemeinde dies gemeinsam bezeugen, glaubt ihnen das umstehende Volk.

Da es im altisraelitischen Recht keine Gewaltenteilung gibt, sind die Ältesten in diesem Fall Zeugen, Ankläger und Richter in einer Person. Die Susanna-Erzählung zeigt hier anschaulich auf, dass ein solches Recht in bestimmten Konstellationen Unrecht produziert. Gleichsam als Gebetserhörung gibt ein göttlicher Bote dem jungen Daniel den Geist der Einsicht. Er zerstreut vorerst die sensationslüsterne Menge und klagt sie kollektiv der mangelnden Sorgfalt bei der Rechtsprechung an, durch die sie eine „Tochter Israels" zum Tode verurteilen. Sodann separiert er auch die beiden Ältesten, beginnt jedoch bei beiden mit einer harschen Scheltrede, die sie nun zu Angeklagten macht, und beendet sie mit einem Verhör darüber, wo denn der Ehebruch stattgefunden haben soll. Da beide unterschiedliche Orte angeben, ist die Falschanklage offenkundig und wird öffentlich gemacht. Die beiden Ältesten, denen Daniel notorische Fehlurteile insbesondere gegen Frauen und mehrfache sexuelle Nötigung unterstellt („so tatet ihr an den Töchtern Israels und sie verkehrten mit euch, da sie sich fürchteten"), erleiden sodann gemäß der Falschzeugenregelung jene Strafe, die sie für Susanna vorgesehen hatten. Der Septuaginta-Text endet mit einem Plädoyer für die Jungen, die aufrichtig und gottesfürchtig sowie von Weisheit und Einsicht geleitet seien und daher mehr Gehör in der Gemeinde bekommen müssten.

Diese Geschichte um sexuelle Belästigung und Denunziation wird nur deswegen nicht zu einer von Nötigung, weil die Frau sich beherzt gegen die Autoritäten stellt, die sie aber auch nicht vergewaltigten. Gott erhört ihr Gebet und schickt ihr einen juristisch begabten Anwalt, der sich auch das Recht zu richten nimmt. Insofern ist es eine Rettungsgeschichte mit einer traumatisierenden Vorgeschichte, die die Frau durch Toratreue, Gottvertrauen und göttlichen Beistand meistern konnte.

Die wesentlich bekanntere Theodotion-Version übernimmt zwar das Handlungsgerüst der Geschichte und belässt die Übergriffe der Patriarchen bei Belästigung und Drohung, baut es jedoch durch andere Schwerpunktsetzung erotisch aus. So werden das Haus und der Garten des reichen Jojakim als Treffpunkt aller, die das Recht suchen und vertreten, vorgestellt. Susanna nutzt die Außenanlage allerdings erst, wenn das Volk gegangen ist. Die beiden ruchlosen Patriarchen werden als erwählte Richter dieser Jahre vorgestellt, die offenkundig noch länger bleiben und dabei die Ehefrau ihres Gastgebers sehen und sie begehren. Ähnlich der Septuaginta-Version begegnen sie einander per Zufall beim heimlichen Beobachten ihres Objekts der Begierde und beschließen, gemeinsam zu handeln. Susanna kommt eines Tages in den Garten, um zu baden, und schickt ihre Bediensteten nach den entsprechenden Utensilien, nicht ohne ausdrücklich auf das Schließen der Tore hinzuweisen. In dieser Situation des Alleinseins und wohl auch der spärlichen Bekleidung tauchen die Männer aus ihrem Versteck auf, und hier wird ihnen eine Rede zugebilligt (V20f.), die das vorwegnimmt, was in der LXX-Version erst in der Anklage kundgetan wird. Susannas Antwort lautet ganz ähnlich, wobei dieser jedoch laute Hilfeschreie folgen, die die Hausangestellten zurück in den Garten eilen lassen, wo bereits die Ältesten mit ihren Lügen warten und sie in ihrem blinden Vertrauen in die Rechtschaffenheit ihrer Herrin beschämen. Der Beginn der Gerichtsszene am nächsten Tag weicht kaum von der älteren Version ab, allerdings fehlt das Gebet Susannas an dieser Stelle, an der sie diesmal passiv bleibt und nur weinend zum Himmel schaut (V35). Der Hilfeschrei zu Gott kommt erst nach dem Todesurteil, das nach einer ausführlichen Schilderung des erfundenen Verbrechens gefällt wird, und er thematisiert ausdrücklich das vorsätzliche falsche Zeugnis (V42f.). Auch in dieser Version schickt Gott den jungen Daniel zur Rettung der Frau und zur Klärung des Justizskandals. Sein Auftritt wird durch die Deklaration, dass er unschuldig am Blut dieser Frau sei, eingeleitet (V46). Da bei einer Verurteilung diejenigen den ersten Stein werfen müssen, die angeklagt haben, werden sie bei Falschanklage automatisch zu Mördern. Daniel beteiligt sich nicht an der Vollstreckung des Urteils und holt den Vorgang zurück vor Gericht, wobei das Volk ihm die Ältestenrechte, also die Legitimation des Richtens zugesteht (V50). Das Verhör verläuft ganz ähnlich wie in der älteren Version, der Schluss allerdings endet mit dem Lob der Frau, das alle Angehörigen, angefangen von Susannas Eltern über ihren Mann und alle Verwandten singen.

Auch in der Theodotion-Version geht die Rechtssache gut aus, Susanna wird jedoch von der selbstbewussten und unbestechlichen Gesetzestreuen, die offenen Auges ohne Schuld in den Tod zu gehen bereit ist, zur eingeschüchterten Verzagten, die erst in der Panik vor der Urteilsvollstreckung ihren Gott anruft. Beide Versionen führen jedoch die Gerichtspraxis der mangelnden Trennung der einzelnen Funktionen bei Gericht narrativ ad absurdum und stellen gesellschaftskritisch fest, dass Frauen vor Gericht schwer benachteiligt sind, insbesondere dann, wenn die zu Gericht sitzenden Ältesten Verbrecher sind.

Um sexuelle Denunziation ganz anderer Art geht es im sogenannten Eifersuchtsordal von Num 5,11–31. Hier wird ein doppelter Rechtsfall abgehandelt, in dem ein Ehemann seine schuldige oder aber auch unschuldige Ehefrau des Ehebruchs bezichtigt. Wenn er den nicht zu beweisenden Verdacht hegt, dass seine Frau untreu geworden sein könnte, hat er das Recht, sie vor den Priester in den Tempel zu zerren und ein Gottesurteil an ihr vollziehen zu lassen. Dabei wird sie genötigt, bei der Darbringung eines entsprechenden Opfers ein eigens zubereitetes Wasser, das aus Weihwasser, Fußbodenstaub und dem Staub von aufgeschriebenen und abgewischten Flüchen gemischt wird, zu trinken. Sodann wird der beschuldigten Ehefrau vom Priester erklärt, dass ihr im Falle ihrer Unschuld nichts passieren wird, im Falle ihrer Schuld sich jedoch ihr Bauch aufblähen und sie zum sprichwörtlichen Fluch im Volk werden wird. Die Frau hat dazu ein doppeltes Amen zu sagen (V22). Ausdrücklich wird die Vorschrift mit der Bemerkung abgeschlossen, dass der Ehemann, gleich wie die Sache ausgeht, frei von Schuld ist.

Dieses Eifersuchtsordal ist wohl eines der frauenfeindlichsten Gesetze des gesamten ATs. Allein die Eifersucht eines Mannes reicht aus, um die Frau öffentlich und noch dazu im Tempel bloßzustellen. So eine Prozedur strengt ein Mann wohl nur dann an, wenn die Ehe bereits zerrüttet ist und er sie ohne Scheidung und entsprechende Abfindungen loswerden will. Denn bei den hygienischen Bedingungen der damaligen Zeit ist es gänzlich unwahrscheinlich, dass die Frau von dem verseuchten Wasser keinen Durchfall bekommt und sie gerechtfertigt aus der Prozedur hervorgeht. Wer seiner Frau ein solches Ordal zumutet, kann nicht mehr erwarten, mit ihr nachher noch ein Zusammenleben zu führen, das den Namen einer Ehe verdient. Man kann das Ordal als gezielt geplante und religiös legitimierte sexuelle Denunziation bezeichnen, denn der Ehemann strengt es ja nur deswegen an, weil er keine Beweise für die Schuld der Frau hat.

2. Sexuelle Nötigung

Nötigung hat immer mit physischem, psychischem oder juridischem Zwang zu tun und unterscheidet sich von Vergewaltigung durch die Absenz von roher körperlicher Gewalt.

Wie bereits in Kap. 7 erwähnt, ist die Erzählung um David und Batseba eine der Beispielerzählungen zu sexueller Nötigung und Königskritik (2 Sam 11). Die Multidimensionalität derselben beginnt bereits bei den einführenden Zeitangaben in V1f., die zwei völlig konträre Geschehen darstellen: V1 beschreibt die Kriegszeit, in der David seinen Feldherrn und sein Heer nach Ammon schickt, das Land verwüsten und dessen Hauptstadt Rabba belagern lässt. V2 fokussiert sodann einen konkreten Abend, an dem der in Jerusalem verbliebene König sich gerade von seinem Bett erhebt. Zwei ganz gegensätzliche Situationen kontextualisieren damit das Geschehen: Kriegerische Verheerung auf dem Schlachtfeld und luxuriöser Müßiggang im Königspalast werden einander gegenübergestellt. Die Szene der Abendruhe nutzt der König zu einem Spaziergang auf der Dachterrasse und sieht (r'h) dabei auf einem anderen Dach eine Frau, die sich wäscht und dabei überaus schön anzusehen (r'h) ist. Diese Szene hat von Renaissancegemälden bis zu Hollywoodfilmen Anlass dazu gegeben, Batseba als sich nackt räkelnde Verführerin darzustellen. Wer sich die baulichen Gegebenheiten der historischen Davidsstadt, die durch archäologische Grabungen ziemlich eindeutig sind, vor Augen führt, sieht diese Szene allerdings differenziert. Der vermutete Ort des königlichen Palastes im Jerusalem der Eisenzeit ist der höchste Punkt der zivilen kleinen Siedlung, die steil abfallend in das Kidrontal gebaut war und von dem man wohl selbst in von der Gasse her verborgene Innenhöfe sehen konnte.

Das Sehen ist – ähnlich wie in Gen 3,6 – der Ausgangpunkt des verbotenen Begehrens der Frau des Nächsten (vgl. Ex 20,17; Dtn 5,21 sowie die Verschärfung des Ehebruchsverbotes durch das Einbeziehen des bloß begehrenden Ansehens einer Frau in der Bergpredigt Mt 5,27f.). Die Verse 2 Sam 11,3f. beginnen jeweils mit dem Verb šlḥ, schicken, das als Movens des Geschehens die Erzählung und deren Folgen in Gang bringt. Der König schickt hin, um sich zu erkundigen, wer denn die Frau sei, gibt sich aber durch die Formulierung der Frage schon selbst die Antwort: „Ist das nicht Batseba, die Tochter Ammiëls, die Frau des Hetiters Urija?" Ganz anders als der von den Patriarchen getäuschte fremde Herrscher im Buch Genesis weiß der

König in Jerusalem also im Vorhinein, dass die Frau verheiratet ist. Dennoch schickt er zum zweiten Mal Boten und lässt sie „nehmen". Diese Formulierung klingt nicht gerade nach freier Entscheidungsmöglichkeit für die Frau. Wenn der König ruft, hat man zu kommen, was Batseba denn auch tut. Diese knappe Schilderung durch eine Serie von Verben mit jeweils anderem Subjekt (sie nahmen sie – sie kam zu ihm – er legte sich zu ihr) problematisiert wohl auch die Rechtsregelung von Dtn 22,23f., dass in der Stadt kein erzwungener Beischlaf möglich sei, da man der Frau doch zu Hilfe käme. Kein Gruß, keine Rede, keine Höflichkeit oder Charmeoffensive verlangsamt das Geschehen bis zum vollzogenen Geschlechtsverkehr – und auch danach nicht. Nur die Kurzinformation, dass ihre Waschung nach der monatlichen Blutung geschah, trennt das Geschehene von der abschließenden nüchternen Notiz: „Und sie kehrte in ihr Haus zurück". Ob dieser sexuelle Akt einvernehmlich vonstattenging? Von der Art und Weise, wie erzählt wird, muss man auf sexuelle Nötigung schließen. Da von keiner Gegenwehr der Frau berichtet wird, ist wohl nicht von Vergewaltigung zu sprechen, Entscheidungsfreiheit hatte Batseba im Königspalast aber sicher keine. Dieser Beischlaf war jedenfalls nicht auf Dauer angelegt; man hat sich auch danach nichts zu sagen. Mit Liebe hat das offenkundig nichts zu tun, wohl aber mit ungezügeltem Begehren und auch mit ausgelebter Dominanz von Seiten des Mannes: Der König maßt sich Macht über alle Untertanen an, selbstverständlich über den im Feld stehenden Ehemann Urija und sogar über dessen Ehefrau. Erst als Batseba merkt, dass sie von David schwanger geworden ist, wird von der nächsten Kontaktaufnahme erzählt. Auch sie lässt schicken und ausrichten, geht nicht selbst zum König, um ihm einen einzigen knappen Satz mitzuteilen: „Schwanger bin ich!" (2 Sam 11,5).

Alles, was der König auf diese Nachricht hin anstellt, ist ausschließlich auf seine Initiative zurückzuführen. Sowohl der misslingende Versuch, dem Ehemann anlässlich eines Heimaturlaubs von der Front die Schwangerschaft unterzuschieben (V6–13), als auch die perfide Idee, Urija mit dem eigenen Todesurteil in der Tasche wieder in den Krieg zurückzuschicken (V14–25), geht auf Davids Befehle zurück. Batseba kommt erst nach dem vollendeten Verbrechen wieder handelnd vor, als erzählt wird, dass sie die Totenklage für ihren Ehemann hält (V26). Erst dann lässt David wieder zu ihr „schicken", diesmal jedoch nicht, um sie zu „nehmen" (vgl. V4), sondern um sie in sein Haus zu versammeln ('sp), was wohl die Aufnahme in seinen Harem anzeigt. Auch hier wird kein Wort der Emotion laut. Sie wird zu seiner Frau, die ihm umgehend das unter äußerst problematischen Umständen gezeugte Kind gebiert, das JHWH, für den die gesamte Angelegenheit böse war (V27), nicht überleben lässt (12,15–25). So als ob sich das Sprichwort erfüllen müsste, dass Nachkommenschaft aus einem Ehebruch keinen Bestand hat (vgl. Weish 3,16–4,6), kämpft David nach Natans Parabel zwar mit Gott um das Überleben des Kindes, kann es jedoch nicht retten. Die siebentägige Phase der Erniedrigung vor Gott, des Fastens und des Verzweifelns steht David ganz allein durch – wie es der Mutter des Kindes in der Zeit ergeht, wird mit keinem Wort thematisiert. Erst nachdem das Kind gestorben ist, erfährt man von der allerersten emotionalen Zuwendung Davids zu Batseba, wenngleich wiederum in einer knappen Abfolge von Verben: Er tröstet Batseba, geht zu ihr und schläft mit ihr, worauf sie wieder schwanger wird und den JHWH-Liebling Salomo gebiert (V24), der seinen Beinamen Jedidja eigens vom Propheten Natan verliehen bekommt (V25). Wenn ausgerechnet diese beiden genuinen Jerusalemer, Natan und Batseba, die von der gravierenden Schuld des Königs wissen, an Davids Lebensende wieder gemeinsam auftreten und gerade diesen Letztgeborenen in der Thronfolge durchzusetzen vermögen, so ist das wahrscheinlich kein Zufall (1 Kön 1,11–31).

Von sexueller Nötigung handeln wohl auch die Preisgabe-Erzählungen in Gen 12,10–20 und Gen 20, denn Abraham verleugnet die Ehebeziehung ja mit dem Ziel, Sara für die fremden Herrscher sexuell verfügbar zu machen. Da von der Ahnfrau keinerlei Einverständnis erklärt wird, ist von Nötigung von Seiten des Ehemannes zu ausschließlich seinem Schutz (12,12) auszugehen. Um ihn nicht der befürchteten Lebensgefahr auszusetzen, lässt sie sich ohne Protest in einen fremden Harem aufnehmen. Mit Freiwilligkeit haben diese integrativen Akte sicher nichts zu tun. Sie sind dem Zwang der Umstände und dem vom Ehemann ausgeübten Druck geschuldet.

Von unserer heutigen Warte aus sind wohl auch die Sklavinnen, die mit ihren Herren verkehren müssen, sowie die zahllosen Mädchen, die Ahaschwerosch im Esterbuch nur für eine Nacht in sein Gemach holt und beschläft, sexueller Nötigung ausgesetzt. Keine hat die Chance, Nein zu sagen.

3. Vergewaltigung

Wie im 2. Kapitel bereits dargelegt, gehen die Rechtsregelungen von Dtn 22,23–29 davon aus, dass es in der Stadt keine Vergewaltigung geben könne, da man einer um Hilfe rufenden Frau sofort beistehen würde. Dem widerspricht der erzählerische Befund diametral: Alle Vergewaltigungen finden in der Stadt statt!

Bereits im Kontext der ersten in der Bibel erzählten sexuellen Gewalttat geht Dina, die Tochter Leas und Jakobs, von dessen Grundstück vor der Stadt hinaus, um die „Töchter des Landes" zu sehen (Gen 34,1 r'h). Offenkundig geht sie dabei in die Stadt, wo Sichem, der Sohn des Landesfürsten Hamor, sie sieht (V2 r'h), sie nimmt, sie beschläft und entrechtet ('nh). Wie Ilse Müllner expliziert hat,[68] sollte man 'nh in Texten, in denen von sexueller Gewalt die Rede ist, nicht – wie häufig üblich – mit „vergewaltigen" übersetzen, sondern mit „entrechten", da damit nicht nur die Penetration wider Willen gemeint sein kann, sondern auch die rechtlichen und sozialen Konsequenzen aus der gesamten Gewalttat, die bereits mit dem „Nehmen" der Frau beginnt und mit dem „Beschlafen" (ich übersetze hier bewusst so!) endet, deren Folgen aber für die Frau lebenslang nachwirken. Dina, die explizit deswegen hinausging, weil sie *weibliche* Gesellschaft treffen – und nicht, weil sie ungeziemend ausgehen wollte,[69] trifft auf den Nobelsten der *männlichen* jungen Leute des Ortes, der sie umgehend überfällt, sie offenkundig sofort in sein Haus aufnimmt, sie

---

[68] Müllner, Gewalt, 260–272.
[69] Zur entsprechenden Rezeptionsgeschichte mit *blaming the victim* siehe Scholz, Rape.

liebt (*'hb*) und heiraten möchte und deswegen seinen Vater um Heiratsverhandlungen mit ihrem Vater bittet (V3f.). Über Dinas Gefühle und Wünsche wird kein einziges Wort verloren, sie zählen weder für ihren Vergewaltiger noch für dessen Vater und auch nicht für ihre eigene Familie. Denn Jakob hört von der Gewalttat und qualifiziert sie mit dem Ausdruck *tm'* als „Verunreinigung" seiner Tochter, seine Söhne jedoch sehen sie als Angriff auf die Familienehre. Die Forderung, auf die Brautwerbung nur dann einzugehen, wenn sich alle Männer des Ortes beschneiden lassen, ist eine Finte, durch die die zahlenmäßig unterlegene Jakobssippe bei ihrem Rachefeldzug der ganzen Stadt Herr werden kann, da die Männer im Wundfieber liegen und sich in Sicherheit wiegen. Die Brüder holen ihre Schwester aus dem Fürstenhaus (V26) – sie könnte Sichem auch gar nicht mehr heiraten, selbst wenn sie wollte, da ihre Brüder alle Männer der Stadt umbringen. Diese Erzählung, in der Dina nie zu Wort kommt, zeigt anschaulich, dass Vergewaltigung nicht primär als Verbrechen gegen die Frau wahrgenommen wird. Gesellschaftliche Konventionen zählen mehr als der Beistand für ein junges Mädchen, das für sein Leben traumatisiert ist, weswegen auch von einer späteren Heirat keine Rede mehr sein kann.

Noch beredter ist die Erzählung über die Vergewaltigung *Tamars*, die Tochter Davids, durch ihren Bruder im Königshaus (2 Sam 13,1–22).[70] Tamar unterscheidet sich jedoch von Dina insofern gravierend, als sie zur Gewalttat nicht schweigt und damit auch die Familienehre nicht wahrt und zudem Mittäterschaft aufzeigt. Der Erzählung soll daher ausführlicher nachgegangen werden.

Bereits die Vorstellung von V1 ist erhellend: Es gibt eine *schöne Schwester* mit dem metaphorischen Namen „Dattelpalme" (vgl. Hld 7,8f.), „für" die beiden Söhne Davids. Die Präposition ist verräterisch, sie zeigt, dass Tamar, die zwischen den beiden Männern vorgestellt wird, für *sie* da ist. Die Konstellation zwischen den Geschwistern ist durch die starken Emotionen des Thronfolgers (als solcher wird er in der Erzählung aber nie bezeichnet) charakterisiert: Er liebt die heiratsfähige Tamar, was ihn in die Enge einer unerfüllten Liebe treibt, die

---

[70]   Siehe dazu Müllner, Gewalt.

unerreichbar scheint. In welche Richtung sich die Handlung entwickeln wird, wird aber hier bereits verschleiernd eingeführt: „es erschien Amnon unmöglich, ihr etwas zu tun" (V2). In V3 werden die Netzwerke Amnons vorgestellt, die er zur Realisierung seines illegitimen Begehrens nutzen wird. Es ist der genealogische Männerklüngel mit seinem Cousin Jonadab, der über den Vater definiert und als überaus weiser Mann vorgestellt wird. Er stellt in V4 die besorgniserregende Diagnose über die Befindlichkeit des Thronfolgers, der daraufhin den aus V1 bekannten Sachverhalt in seiner Rede bekennt. Jonadab plant nicht nur ein Treffen mit Tamar, sondern eine Intrige, der zufolge Amnon sich krank stellen soll, um Vater und Schwester in sein Haus zu locken. Wenn er sich dabei „hinlegen" (*škb*) und aus der Hand der Schwester zu essen haben möchte, wird mit beidem bereits auf die sexuelle Intimität der Handlung angespielt. Jonadab arrangiert geschickt das Treffen, bezieht jedoch für seinen Plan zuvor den König mit ein, der sich sodann auch mitschuldig macht. Wenn Amnon beim Krankenbesuch des Vaters bittet, dass Tamar ihm *Lebiba*-Kuchen backen soll, so verweist das wahrscheinlich auf Kuchenformen mit erotischen Darstellungen, die auch archäologisch nachweisbar sind. David wird dabei nicht misstrauisch, da er offenkundig seinen Sohn auf Kosten der Tochter bevorzugt. Der königliche Vater bringt das Unheil selbst in Gang, indem er befiehlt, worum Amnon auf den Rat Jonadabs hin bittet, wenngleich der Text die Differenz in der Bezeichnung der Kuchen verschweigt. Wenn David in das *Haus* Tamars schickt (V7), damit sie ins Haus Amnons geht, wird bereits ihr Schicksal vorgezeichnet: Ins eigene Haus wird sie nicht mehr zurückkehren, sondern im Haus Abschaloms enden.

In V8 führt Tamar den Befehl des königlichen Vaters gehorsam aus, aber es kommt anders als angekündigt, denn das Deutewort *liegen* (*škb*) verhindert den Ablauf wie vom Vater angeordnet. Tamar bäckt das Gebäck, wie Amnon es bezeichnet hatte, wobei der Vorgang durch eine ganze Reihe von Verben genau beschrieben wird und Amnon sie dabei, wie in V5f. gewünscht, beobachten kann. Als Amnon sich zu essen weigert, kommt es zur Unterbrechung des Vorhergesehenen, denn er weist das gesamte Personal an, hinauszugehen, und dieses führt den Befehl genauso aus (V9). Damit wird hier die Rechtsregel von Dtn 22,23–27, dass es in der Stadt keine Vergewaltigung gäbe, ad absurdum geführt, da sie bei einem Machtgefälle nicht funktioniert. V10 verlegt die Handlung ins Hinterzimmer, einen Ort, der wohl noch weiter von der Gasse entfernt ist als jener des Kochens, denn nur dort will Amnon aus ihrer Hand essen. Tamar befolgt das Anliegen, bringt ihm das Essen nahe, er agiert jedoch nicht, wie in V10 angekündigt, sondern packt sie unvermittelt, ohne jegliche zudringliche Annäherung, und fordert sie auf: „Komm, leg dich zu mir, meine Schwester!" Mit diesen Worten, die dem Befehl der Frau des Potifar ähneln (*šikbi ʿimmi* V11; vgl. Gen 39,7.12.14), ist seine Verstellung als Kranker zu Ende. Tamar erkennt sofort den Ernst der Lage und argumentiert mit der Ethik: „So etwas tut man nicht in Israel!" (V12). Vom Erzähler wird ihr eine lange direkte Rede zugestanden, die mit Ver- und Gebot arbeitet, sie sagt Nein, redet Amnon aber taktisch geschickt mit „mein Bruder" an. In V13 stellt sie die Folgen der Tat für das Schicksal beider vor Augen und entwickelt einen Lösungsvorschlag. Für sie selbst bedeutet die Vergewaltigung eine Schmach, die sie als Königstochter ortlos macht, für ihn als künftigen König wird die Gewalttat soziale Isolation bewirken, da er sich zum Toren in Israel macht. Als Ausweg stellt sie eine reguläre Ehe zwischen Halbgeschwistern in den Raum, die der König – aufgrund seiner Beteiligung an der Situation – nicht verweigern könne. Durch ihre Argumentation versucht sie Zeit zu gewinnen und Amnons Drängen zu verlangsamen. Tamar reagiert in dieser kritischen Situation völlig rational, Amnon ausschließlich emotional. Er hört nicht auf sie, ergreift sie und entrechtet sie (ʿnh). Sprach er in V11 von „schlaf mit mir" (*šikbi ʿimmi*), so heißt es in der Ausführung von V14 *wajjiškab ʾotah*, „und er beschlief sie".

Nach der Tat stehen wiederum überaus starke Emotionen des Mannes im Zentrum, die gegenteiligen Emotionen vorher und nachher werden in ihrer Intensität in Relation gesetzt: Der Hass, mit der er sie nach der Vergewaltigung hasst, ist größer als die Liebe zuvor. Zwei Kurzbefehle jagen Tamar aus dem Haus (V15). Tamar jedoch weigert sich zu gehen. Sind Schweigen und Verstummen als typische gesellschaftlich vorgesehene Reaktion vom Vergewaltigungsopfer zu erwarten, behält Tamar die Sprache. Sie widerspricht, wieder argumentierend, um noch eine Lösung zu finden, die beiden den sozialen Stand erhält (V16). Als „die *große Sünde*" wird im AO der Ehebruch bezeichnet (z. B. Gen 20,9), hier steht „das *große Böse/Unrecht*" (*haraʿa haggᵉdola* vgl. Gen 39,9) für die Vergewaltigung einer Jungfrau. Mit *šlḥ 'išša* ist nicht nur das „Wegschicken einer Frau" angegeben, sondern damit wird auch auf den Scheidungsterminus angespielt, denn die gesellschaftlich legitimierte Sanierung einer Vergewaltigung in patriarchaler Gesellschaft durch lebenslänglich nicht trennbare Ehe wird in Dtn 22,29 ebenfalls mit *wegschicken* formuliert. Aber auch beim zweiten Unrecht will Amnon nicht auf sie hören und gibt den Befehl zur Beseitigung Tamars (2 Sam 13,17). Gleichsam als ob er mit ihr sein Verbrechen loswerden könnte, lässt er hinter ihr die Tür verschließen. Die Strategie des *blaming the victim* geht sogar so weit, dass Tamar im Munde Amnons Name, Status und Verwandtschaftsbezeichnung verliert, indem er von „dieser da" (*'ät-zot*) spricht: Die Entrechtung des Gewaltopfers ist damit vollendet. Wenn plötzlich wieder das Gesinde da ist und auch jetzt nicht für Tamar Partei ergreift, so darf das nicht verwundern – es ist weisungsgebunden und erfüllt ja nur seine Pflicht ...

Aber sein Diener wirft sie wenigstens nicht hinaus, wie sein Herr es wollte, sondern führt sie hinaus (V18). Niemand begleitet sie zurück in ihr Haus, sie findet sich auf der Gasse, die die Öffentlichkeit einer Stadt darstellt, wieder. Tamar ist nicht nackt; das Kleid der Königstochter ist unbeschädigt, aber sie reißt es als Ausdruck ihrer Entrechtung ein, wie man es bei großer Trauer oder vernommener Gotteslästerung tut. Sie verankert damit das Verbrechen in der Königsfamilie und lässt es öffentlich werden. Mit Staub auf dem Haupt und erhobenen Händen geht sie unter lautem Klagen über die Gewalttat durch die Königsstadt. Ulrike Bail hat diese Klage kreativ mit den Klagepsalmen Ps 6 und Ps 55 in Verbindung gelesen, wodurch diese eine völlig andere Sinndimension bekommen.[71]

Plötzlich tritt Abschalom, von dem in V1 die Rede war, auf den Plan. Seine Erkundigungsfrage von V20 ist nicht anteil-

---

[71] Ulrike Bail, Gegen das Schweigen klagen, Gütersloh 1998.

nehmend, sondern völlig neutral formuliert – ist sie rhetorischer oder vertuschender Natur? Zumindest gewährt er der Schwester einen sicheren Ort, der allerdings auch ihrer Entrechtung entspricht: keine Heirat mehr, kein Haus mehr (vgl. V7). Für Abschalom steht die Familienehre über dem Anliegen der Unversehrtheit der Schwester. Mit seiner Argumentation „er ist doch *dein* Bruder" – nicht *unser* Bruder – appelliert er an den Familiensinn der Schwester.

V21 erzählt von der Reaktion des Vaters, der hier explizit „*König David*" genannt wird, wodurch gezeigt wird, dass es um das Königshaus geht, das exemplarisch-repräsentative Funktion hat. Aber der König als oberster Richter ergeht sich in Emotionen. Er wird sehr zornig, tut jedoch nichts, weder gegen den straffällig gewordenen Sohn noch für seine entrechtete Tochter. V22 beleuchtet das Verhältnis der beiden Königssöhne aus dem Blick Abschaloms. In diesem letzten Abschnitt informiert allerdings der Erzähler und lässt niemanden mehr zu Wort kommen. Das Schweigen, das Abschalom Tamar verordnete, setzt sich gegenüber dem Straftäter fort, ebenso der Hass Amnons auf die Schwester im Hass Abschaloms auf Amnon. Von der Entrechtung Tamars wird allerdings verschleiernd nur mehr als von „diesen Dingen" gesprochen (V21f.). So endet die Vergewaltigung der Schwester im Bruderzwist, nicht im Recht-Verschaffen für die Frau, deren Schicksal zugunsten der patriarchalen „Familienehre" vertuscht wird, aber auch darin klar die Interdependenz von sexueller Gewalt und patriarchaler Herrschaft evident macht.

Tamars Geschichte kann als *gefährliche Erinnerung* gelesen werden, die den Täter und die Mittäter nicht ungeschoren davonkommen lässt und auch die Vertuschungsstrategie als solche entlarvt, indem die Interessenslagen durch Empathielenkung dargestellt werden.

Wenn die Bibel zwei derart eindrückliche Erzählungen über Vergewaltigung, die fast immer traumatisiert, überliefert, und die völlig unterschiedlichen Reaktionen der Gewalttäter von Anhänglichkeit (Gen 34: Sichem an Dina) bis zu massivstem Hass thematisiert, kann dies auch als Widerstand gegen die Vertuschung sexueller Verbrechen gelesen werden, die den Menschen, die diese erlitten haben, die Sprache wiederzufinden hilft.[72]

4.   Inzest und tabuisierte Verbindungen

Während mehrere Rechtstexte Inzest und Geschlechtsverkehr mit nahen angeheirateten Verwandten verbieten (vgl. Lev 18; 20; Dtn 27,20–23), wird selten von solchen Taten erzählt.

In Gen 35,22 findet sich die äußerst kurze Notiz vom *Inzest Rubens*, der möglicherweise auch auf eine Vergewaltigung hinweist, denn die Initiative liegt ausschließlich beim Mann, der „geht" und „Bilha, die Nebenfrau seines Vaters, beschläft" (*wajjiškab 'ät-*). Jakob hört zwar davon, zieht aber weder Ruben noch Bilha zur Rechenschaft, sondern enterbt seinen übergriffigen Erstgeborenen erst im Stämmesegen von 49,3f. (deutlicher noch 1 Chr 5,1) mit der Begründung, dass er auf das Bett seines Vaters gestiegen sei und es dabei entweiht (*ḥll*) habe. Obwohl durch die Verwendung dieser Vokabel aus dem kultischen Bereich der Text an das Heiligkeitsgesetz heranrückt, werden ähnlich wie im Verbot von Dtn 23,1 die beiden Beteiligten aber unbehelligt gelassen.

Eine noch kürzere Anspielung auf einen Inzest liegt in der in Abrahams Verteidigungsrede bloß behaupteten (?) Wahrheit, die als Schwester ausgegebene Sara sei tatsächlich seine Schwester, allerdings nicht von derselben Mutter geboren, was nach Abrahams Ansicht das inzestuöse Ehehindernis aufhebe (Gen 20,12). Lev 18,9 ist dazu allerdings gegenteiliger Ansicht, die Schwester fällt immer unter das Inzesttabu, was auch die angedachte Ehe zwischen Amnon und Tamar in 2 Sam 13,13 betreffen würde.

So gut wie gar nicht thematisiert wird die Inzestproblematik bei *Tamar und Juda* in Gen 38. Die beiden sind nicht blutsverwandt, jedoch als Schwiegervater und Schwiegertochter in überaus naher Verwandtschaft stehend; daher ist diese Ver-

---

[72]   Siehe Barbara Haslbeck u. a. (Hg.): Erzählen als Widerstand, Münster 2020 und Ulrike Eichler / Ilse Müllner (Hg.): Sexuelle Gewalt gegen Mädchen und Frauen als Thema der feministischen Theologie, Gütersloh 1999.

bindung nach Lev 18,15 verboten. Der Geschlechtsverkehr der beiden findet aber auch unter ganz bestimmten Umständen statt: Juda weiß nicht, dass er mit der Frau seiner verstorbenen Söhne schläft, und nachdem er den Sachverhalt erfahren hat, verkehrt er nicht mehr mit ihr (Gen 38,26). Die sexuelle Begegnung ist vom unwissenden Juda von Begehren geleitet, von der Schwiegertochter gezielt gesucht, um aus der Sackgasse des zwar nicht aufgekündigten, aber auch nicht erfüllten Levirats zu entkommen.

Der Inzest Lots mit seinen beiden Töchtern wird jedoch in Gen 19,30–38 ausführlicher erzählt, und es lohnt sich, den Abschnitt mit der Hermeneutik des Verdachts zu lesen.[73] Aus Gerichtsprotokollen weiß man von inzestuösen Vätern, dass sie stereotype Verteidigungsstrategien verwenden, die das Verbrechen an den Töchtern mildern sollen. Zu diesen gehört einerseits die Anlastung der Initiative an die Töchter, die so verführerisch gewesen seien, und andererseits die Ausrede der mangelnden Zurechnungsfähigkeit durch übermäßigen Alkoholgenuss. Ein festes Element ist zudem die Abwesenheit der Mutter, die entweder nicht im selben Haushalt lebt oder durch Gewalt bzw. Androhung eines existenzbedrohenden Beziehungsverlusts dem Geschehen keinen Einhalt gebietet.

Auch in der Erzählung um Lots Töchter ist die Mutter abwesend. Sie erstarrte zur Salzsäule, da sie sich nach dem untergehenden Sodom umsah (V26), der Vater ist daher mit den Töchtern an ihrem Fluchtort isoliert und allein (V30). Im biblischen Text wird eindeutig den Töchtern die Initiative angelastet (V31–35), Lot jedoch freigesprochen (V35b). Bekanntlich ist Volltrunkenheit der Gegner jeglichen sexuellen Vergnügens (vgl. Jdt 12,15–13,2), wenn ein Mann sturzbetrunken ist, nimmt er nichts mehr wahr und ist auch zu einem Sexualakt mit Ejakulation nicht mehr fähig – welche hier aber zwangsläufig vorauszusetzen ist. Man wird also den Verdacht nicht los, dass dies eine Ausrede ist. Ebenso ist der völlig einsame, isolierte Ort, der quasi zum Geschlechtsverkehr zwischen Vater und Töchter nötigen würde, zu hinterfragen, denn das Kulturgut des Weines ist offenkundig im Überfluss zu haben. Da Lot sich bereits am Anfang desselben Kapitels nicht als

---

[73]   Seifert, Tochter, 82–86.

Beschützer der Geschlechtlichkeit seiner Töchter erweist, da er bereit ist, sie zur Gruppenvergewaltigung dem Stadtpöbel zur Verfügung zu stellen, erscheint die erzählte Initiative der Töchter zudem in zweifelhaftem Licht. Die aus dem Inzest hervorgehenden Söhne tragen jedoch nach der Volksetymologie unzweideutige Namen: Moab kann als „vom Vater" erklärt werden, Ben-Ammi mit „von meinem Volk" (Gen 19,37f.). Der Text kritisiert das Verhalten der Töchter mit keinem Wort. Sie erkämpfen sich – ähnlich wie Tamar – ihre Nachkommenschaft auf unkonventionelle Weise. Aber wenn die beiden Knaben dann ausgerechnet die Stammväter jener Völker werden, von denen niemals Mitglieder in Israels Gemeinschaft aufgenommen werden dürften (Dtn 23,4–7), so ist es mit der ethischen Neutralität dieser Geschichte offenkundig doch nicht so weit her ...

5.   Sexualisierter Terror

Die erste Erzählung um Lot und seine Töchter zeigt einen Vater, dem das Gastrecht mehr wert ist als die physische und psychische Unversehrtheit seiner Töchter. Phyllis Trible hat Gen 19 und seinen vom Motiv her parallelen Text in Ri 19 als „Terrortexte" bezeichnet,[74] da es in beiden Erzählungen nicht um geschlechtliche Belange geht und schon gar nicht um Homosexualität, sondern vielmehr um Machtverhältnisse, die durch sexuelle Gewalt hergestellt und stabilisiert werden. In den meisten Fällen sind Männer die Täter und Frauen die Opfer, aber es gibt auch sexualisierte Gewalt von Männern gegen Männer, indem sie diese zu feminisieren (vgl. Jes 3,12) oder sogar zu vergewaltigen trachten. Zudem finden sich auch Hinweise auf sexualisierte Gewalt von Frauen gegen Frauen, wenn ausgerechnet Frauen Zeuginnen des Urteils gegen ihre devianten Geschlechtsgenossinnen sind und so zur Erhaltung des patriarchalen Frauenideals beitragen (vgl. Ez 16,41; 23,48).

---

[74]   Phyllis Trible, Mein Gott, warum hast du mich vergessen!, Gütersloh 1990.

Gen 19,1–11 erzählt vom Besuch zweier Gottesboten in Sodom und ihrer gastlichen Aufnahme durch Lot, die in der Nacht eskaliert, da die Männer von Sodom – ausdrücklich wird von Jung und Alt gesprochen – die Herausgabe der Männer fordern, um sie zu „erkennen" (jd'). Die Reaktion Lots zeigt, dass es nicht etwa um das Kennenlernen der Fremden geht, sondern eine große Schar von Männern fordert damit zwei Männer zur Gruppenvergewaltigung, um klarzumachen, wer in der Stadt das Sagen hat. Um die Schändung der männlichen Gäste zu vermeiden, bietet Lot seine jungfräulichen Töchter an ihrer Stelle an (V8). Lot versteht die Männer richtig, dass es ihnen nicht um die Männlichkeit der Gäste geht, sondern um seinen eigenen Status innerhalb der Gemeinschaft von Sodom (V9). Ihm soll bewiesen werden, wer vor Ort das Sagen hat, indem man ihm zeigt, dass er ohne ihre Zustimmung Gästen keinen Schutz zu gewähren imstande ist. Dass die Töchter – und vielleicht auch die Gäste – vor *gang rape* bewahrt werden, liegt ausschließlich an der göttlichen Sendung der Gäste, die fähig sind, den Mob mit Blindheit zu schlagen und damit das Haus des Gastgebers abzusichern. Der Wille, den Fremden Gewalt anzutun, ist ins Leere gegangen. Die Penetration war als besonders demütigendes Mittel zum Zweck vorgesehen und hat mit sexuellen Funktionen oder Lüsten so gut wie gar nichts gemeinsam.

Die motivisch ähnliche Erzählung von Ri 19 geht nicht so glimpflich aus, da der Gast nicht göttlich ist, sondern ein Mann, dem das eigene Wohl über das Leben seiner Frau geht.[75] Dabei beginnt die Erzählung mit der Szene, in der der Levit seiner (untreuen? kultisch devianten? V2: *znh*) Nebenfrau, die ihn verlassen hatte und in ihr Elternhaus in Betlehem zurückging, nachgeht und sie wieder zu sich holen will (V1–4). Der Vater der Frau will das Paar jedoch möglichst lange bei sich haben, und so bricht der Levit erst am Nachmittag auf, wodurch sich das Problem der Übernachtung am Weg stellt. Der als Fremdling in Efraim lebende Levit will jedoch nicht in der von Fremden bewohnten Stadt Jebus übernachten, son-

---

75 Siehe ausführlicher Ilse Müllner, Tödliche Differenzen, in: Luise Schottroff / Marie-Theres Wacker (Hg.): Von der Wurzel getragen, Leiden 1996, 81–100.

dern geht in der Dämmerung weiter bis Gibea, wo er erst in der Dunkelheit ankommt (V5–16), wo ihm jedoch keine Gastfreundschaft angeboten wird. Nur ein als Fremder in Gibea lebender Mann kommt spätabends noch vom Feld, nimmt die kleine Karawane auf und versorgt sie (V17–21). Die folgende Szene spiegelt die entsprechende in Gen 19,4–9: Männer des Ortes kommen und fordern, den Gast zu „erkennen" (*wᵉneda'ennu* Ri 19,22), woraufhin der als alt dargestellte Gastgeber seine eigene jungfräuliche Tochter – und auch die Nebenfrau seines Gastes – als Ersatz explizit zur Vergewaltigung und Entrechtung anbietet (V24). Für unsere heutigen Maßstäbe stellt es schon eine Ungeheuerlichkeit dar, wenn das schwächste Glied als erstes preisgegeben wird – und dennoch gibt es so etwas bis heute. Dass der Gastgeber allerdings die Frau des Gastes mitanbietet, derentwegen dieser die Reise unternahm, ist impertinent. Sprachlich rahmt die zweifache Verweigerung der Herausgabe des Gastes die Preisgabe der Frauen (V23f.). Als die Männer nicht auf das Angebot eingehen, nimmt das Geschehen eine überraschende Wende: Der Levit packt die Frau, derenthalben er eine Woche unterwegs war, um sie zurückzugewinnen, und wirft sie dem Pöbel zur kollektiven Vergewaltigung vor. Indem sie seine Frau die ganze Nacht hindurch sexuell brutal missbrauchen, schänden sie nach patriarchalem Paradigma auch den Gast. Erst im Morgengrauen lassen sie von ihr ab, und sie schafft es gerade noch an die Schwelle jenes Hauses, in dem ihr Mann sicher die Nacht verbrachte, und bricht dort bewusstlos zusammen, die Hände noch gegen die Tür gestreckt (V26f.). Ob die Frau dort ihren Verletzungen erlegen oder sie nur bewusstlos ist, wird nicht geklärt. Zu all der erzählten Grausamkeit macht schließlich noch die Reaktion des Ehemannes fassungslos: Er steht auf, um weiterzureisen, als ob nichts geschehen wäre, und als er die Frau auf der Türschwelle findet, befiehlt er ihr aufzustehen. Kein Anflug von Anteilnahme, keine Geste der Hilfe, nur ein Befehl, dem sie nicht mehr Folge leisten kann, worauf er sie wie einen Sack auf ihren Esel auflädt und mit nach Hause nimmt. Dort aber zerstückelt er sie mit einem Messer. Ob die Frau zu dem Zeitpunkt bereits tot ist, wird offengelassen. Möglicherweise ist der gedemütigte Ehemann ihr Mörder, der durch diese Tat nicht nur den Heerbann für einen Vergeltungsschlag gegen Gibea einberuft, sondern auch den vorerst begehrten und sodann der Gewalttat preisgegebenen Frauenkörper, der ihn immer an seine feige Tat erinnern würde, so weit aus dem Dasein tilgt, dass nicht einmal ein Grab an ihn erinnert. Wenn seine Nacherzählung des Geschehens in 20,4–6 behauptet, dass man ihn umbringen wollte, aber seine Nebenfrau vergewaltigt hatte, sodass sie starb, ist dies eine alternative Wahrheit zu dem, was in 19,22–29 erzählt wurde; sie vertuscht sowohl die Forderung der sexuellen Gewalttat gegen den Mann als auch, dass er selbst die Frau schutzlos vor die Tür setzte, und präzisiert zudem Todesursache und Todeszeitpunkt.

Ri 19 ist eine der grässlichsten Erzählungen des gesamten AT. Sie erzählt von sexuellen Akten als Mittel der Einschüchterung, der Verbreitung von Angst und Terror sowie von der teuflischen Lust an entwürdigender Dominanz.

6. Sex und Gender als Kampfschauplätze im Krieg

Sexuelle Gewalt an Frauen als Mittel der Demütigung ihrer Männer stellt, wie wir spätestens nach den Kriegen aus Ex-Jugoslawien gut dokumentiert wissen, seit Menschengedenken eine perfide Kriegstechnik dar.[76] Dabei geht es nicht – wie nach dem Zweiten Weltkrieg manchmal stereotyp behauptet – um rasche Befriedigung eines sexuell ausgehungerten Heeres, sondern um die Fortsetzung des Kampfes nach gewonnener Schlacht mit anderen Mitteln, die den besiegten Soldaten drastisch vor Augen führt, dass sie nicht einmal mehr in der Lage sind, ihre Frauen und Kinder zu beschützen, geschweige denn ihr Land. Vergewaltigt wird nicht während der Schlacht, sondern danach, wenn die marodierende Soldateska durch die Lande streift, wahllos mordet, plündert und möglichst viel beschädigt, um den Triumph über den Feind durch Demonstration der eigenen Stärke auszukosten und zu verlängern.

---

[76] Siehe Claudia Rakel, Judit – über Schönheit, Macht und Widerstand im Krieg, Berlin 2003, 41–81.

Viele einzelne Notizen verweisen in der Bibel auf solches Verhalten. So erzählt Ri 20,48 euphemistisch, dass beim Rachefeldzug für die Nebenfrau des Leviten am Ende alles erschlagen wird, was sich bewegt. Wenn als Resultat sodann das Problem auftaucht, dass es in Benjamin für viele überlebende Krieger nicht mehr genug Frauen gibt (21,7), wird indirekt klar, wer vor allem getötet wurde. V16 spricht sogar davon, dass in Benjamin alle Frauen ausgerottet waren – und das, um eine vergewaltigte Frau zu rächen! Die angepeilten Lösungen gehen wiederum auf Kosten des weiblichen Geschlechts, denn man beschließt, Jabesch-Gilead zu überfallen, um alle Einwohner*innen außer die noch unberührten Mädchen zu erschlagen und sie als Beute dem Stamm Benjamin zu geben (V10–14). Da aber noch immer Frauen fehlen, scheut man nicht davor zurück, eine gute Gelegenheit zu schaffen, die eigenen heiratsfähigen Töchter dem Kidnapping auszusetzen (V19–25), um sie gerade jenen Männern zu überlassen, gegen die sie doch Krieg geführt hatten aufgrund ihrer Grausamkeit gegen die Frau des Leviten – oder eben doch nur als Rache für dessen beschädigte männliche Ehre?

In Am 7,10–17 droht der Prophet dem Priester, der ihn des Heiligtums verweist, dass dieses durch Feindzerstörung ein Ende haben und sein Land anderen gehören wird, seine Kinder dem Schwert zum Opfer fallen werden und seine vergewaltigte Frau in der Stadt ihr Überleben durch Prostitution verdienen wird müssen, da er selbst exiliert wird und sie nicht schützen kann.

Eines der abstoßendsten Beispiele ist hier wohl Ri 5,28–30, da die Gewalt gegen Frauen im Krieg von einer Frau geschildert wird. Die weiseste der Fürstinnen, die die Mutter des Feldherrn Sisera beruhigt, als ihr Sohn im Krieg zu lange ausbleibt, beschreibt das Vergewaltigen und Plündern als üblichen Zeitvertreib nach dem Sieg. Die Frauen, von denen einer nach der anderen Gewalt angetan wird, reduziert sie auf deren Geschlechtsorgane: Frauenschoß um Frauenschoß fällt den eigenen Kriegern zum Opfer. Dabei beraubt man sie zudem ihrer Kleider, die dann daheim die Hälse der Frauen der Sieger schmücken sollen. Die literarische Ironie liegt gerade darin, dass zeitgleich beim Feind von Debora und Barak das

Siegeslied gesungen und dort gejubelt wird, dass der potenzielle Vergewaltiger Sisera zwischen den Beinen der Jaël von ihr mit dem Zeltpflock penetriert (V24–27) und damit die nach der Schlacht übliche Gewalt gegen Frauen umgekehrt wurde.[77]

Die literarische Gattung des *Siegeslieds* wird von den Frauen gesungen, denen ein solches Schicksal erspart geblieben ist, da die eigenen Krieger siegreich waren (z. B. Ri 5; 1 Sam 18,6f.; Jdt 15,12–16,17; vgl. aber auch Ex 15,20f.). Die Begleitumstände ihres Vortrags verweisen also auf einen Sitz im Leben, der die höchste Gefahr in sich birgt, Frauenleben in allen Dimensionen zu zerstören (vgl. Jdt 4,12). Als Reflex der Siegeslieder sind die *Spottlieder* zu sehen, die über den gefallenen Feind und im Bild der Stadt als Frau auch über die vergewaltigte Stadtfrau bitteren Hohn ergießen (Jes 47,1–3). Auf der Seite der Opfer singt man indessen *Klagelieder*, die um die ganzen Kriegsgräuel und auch um Vergewaltigung wissen (Klgl 1,8f.; 5,11). Auch die prophetischen *Völkersprüche*, die sich erhoffen, dass Gleiches mit Gleichem vergolten werden wird (Jes 13,16; Klgl 4,21), gehören in diesen Kontext und geben bis heute Zeugnis vom Leid Vergewaltigter. Auf diese Sprüche wird unter dem Aspekt von Gott und Gewalt noch zurückzukommen sein.

---

[77]   Yaïr Zakovitch, Sisseras Tod, in: ZAW 93 (1981), 365–374.

X. Eros und Sexus in der Gottesmetaphorik

Für das AT sind Erotik und Sexualität keine mit der Gottheit inkompatiblen Lebensfelder, wie dies in einigen Kreisen in manchen Epochen des Christentums vertreten wurde. Gerade durch die monotheistische Wende wurde nach und nach deutlich, dass es JHWH mit der ganzen Welt, mit allen Menschen und deren gesamten Lebensbereichen zu tun haben muss, denn was in polytheistischen Systemen auf unterschiedliche Gottheiten aufgeteilt war, musste in nachexilischer Zeit von der einen und einzigen Gottheit abgedeckt werden. JHWH tritt also in der Perserzeit nicht nur in die Bereiche der Unterweltsgottheit ein, sodass er auch für die Toten zuständig wird, sondern auch in jene der Erotik und der Fruchtbarkeit.[78]

Einen großen Bereich der theologischen erotisch-sexuellen Bildersprache deckt die Metapher der Ehe für die Beziehung zwischen dem männlich imaginierten Gott und dem weiblich repräsentierten Volk ab. Dabei ist anzumerken, dass die Metaphorik der Stadt als Frau wesentlich älter und nicht genuin biblisch ist. Sie hängt an den im AO breit nachweisbaren weiblichen Personifikationen von Städten und Ländern, die sowohl positiv als Nährende und Begehrte als auch negativ als Vergewaltigte und Eroberte ins Bild gesetzt werden können.[79]

1. Gott als Sexualstraftäter? Zur Problematik prophetischer Droh- und Gerichtsreden

Das Gottesbild des eifersüchtigen Ehemanns, der die Untreue seiner Angetrauten mit teils martialischen Mitteln ahndet,

---

[78] Siehe Irmtraud Fischer, Las imágenes de Dios tras la adopción del monoteísmo, in: Carmen Bernabé Ubieta (Hg.): Los rostros de Dios, Estella (Navarra) 2013, 167–180.
[79] Siehe Christl Maier, Daughter Zion, Mother Zion, Minneapolis 2008.

sodann aber jene, die dies bewerkstelligten, wegen der Eskalation der Gewalt anklagt und die Verbrechen mit ebenso drastischen Vergeltungsschlägen rächt, prägt Teile der Schriftprophetie. Das Problemfeld lässt sich in mehreren Aspekten nachverfolgen.

Eine erste Gruppe bilden jene eher seltenen Aussagen, in denen die Gottheit als enttäuschter Ehemann mit Scheidung (vgl. Jer 3,8) oder Verlassen seiner Frau reagiert. So spricht Jes 50,1 die Kinder Jerusalems an, dass sie die Scheidungsurkunde ihrer Mutter vorweisen sollten, was sie offenkundig nicht können. Wenn sie aber eine „Fortgeschickte" ist, die wegen ihrer Verfehlungen „fortgeschickt" wurde, so verwendet der Text beide Male die Wurzel šlḥ, die auch für die rechtlich gültige Scheidung steht. Will der Text sagen, dass JHWH sich von seiner Ehefrau geschieden hat, ohne die moralische Pflicht zu erfüllen, eine Scheidungsurkunde auszustellen? Offenkundig ist dies der Fall, obwohl Zion selbst klagt, dass sie von Gott verlassen worden sei (vgl. 49,14). Aber er tat es wohl nicht, um Unrecht zu begehen, sondern weil er von Anfang an vorhatte, sie wiederaufzunehmen, was nach einer rechtsgültigen Trennung mit Scheidebrief nicht möglich wäre (vgl. Dtn 24,1–4; auch Jer 3,1).

Die zweite, wesentlich problematischere und zudem umfangreichere Textgruppe lässt den betrogenen Ehemann mit Gewalt auf die Untreue seiner Frau reagieren. Dabei wird JHWH einerseits als Schläger dargestellt, der die Frau, selbst wenn sie nur nach anderen Männern Ausschau hält, körperlich züchtigt und noch häufiger durch andere züchtigen lässt (vgl. z. B. Ez 16; 23). Im Kontext der Ehemetaphorik des Hoseabuches (Hos 2) wird das als Frau personalisierte Volk und Land unter Anklage und unter Verwendung der offiziellen Scheidungsformel schuldig geschieden (V4). Dabei wird der Frau mit entwürdigender Entkleidung und Bloßstellung gedroht (V5), damit der Ehebruch offenkundig wird. Auch ihre gemeinsamen Kinder werden mit der Aburteilung der Mutter in Mitleidenschaft gezogen (V6f.). Der göttliche Ehemann bezieht die Kinder mit ein und nimmt sie damit in Sippenhaft. Wenngleich dieses Element freilich mit der weiblichen Personifikation des Volkes zusammenhängt, hat es doch Auswirkungen auf patriarchales Verhalten, denn damit kann ein Mann nach göttlichem Vorbild Kinder einfach mit einer ehebrecherischen Mutter aburteilen und sie damit auch enterben. Durch Verbarrikadieren des Weges zu den Liebhabern mittels physischer Barrieren wird die Frau eingesperrt und wie ein Stück Vieh zu ihrem Mann zurückgetrieben (V8f.). Allerdings wird sie dort erst recht durch Entzug der Versorgung, aber auch sexualisierte Gewalt bestraft, indem sie vor ihren Liebhabern öffentlich nackt zur Schau gestellt und entwürdigt wird (V11f.). Da diese sie aber offenkundig in Naturalien bezahlt haben, wird sie hier als Prostituierte, nicht bloß als Ehebrecherin dargestellt.

Die Bezeichnung einer Frau, die ihrem Mann untreu wird, als Hure war bis weit in das letzte Jahrhundert hinein auch hierzulande gang und gäbe, wodurch das Verlassen einer zerrütteten Ehe und der Aufbau einer neuen Beziehung moralisch verworfen und teils sogar kriminalisiert wurde. Auch hier leisteten die biblischen Texte Vorschub, wenn etwa im Jeremiabuch (2,19f.; 3,1f.) das Verlassen JHWHs als Prostitution (oder als Promiskuität im Zusammenhang des Aschera-Kultes?) bezeichnet wird. Die in diesem Kontext schrecklichsten Texte sind zweifelsohne Ez 16 und 23, die Athalya Brenner mit dem Blick auf sexuelle Gewalt der Gottheit untersucht und mit dem unzweideutigen Attribut „prophetische Pornographie" versehen hat.[80] In Zeiten, wo die Aufdeckung eines Missbrauchsfalls die Enthüllung des nächsten jagt, sind diese Texte, die einen durch sexualisierte Gewalt agierenden Gott vorstellen, dessen Geschichte mit seiner untreuen Frau mit Kindesmissbrauch beginnt, unerträglich. Man darf sie nicht mehr als Aufweis gerechter Strafe eines souveränen Gottes beschönigen, sondern muss sie mit heutigen Begriffen benennen, da es sich nicht nur um historische Texte handelt, sondern auch um kanonische, die bis heute Gültigkeit beanspruchen.

Jerusalem wird darin als bei der Geburt weggelegtes Mädchen vorgestellt, das JHWH findet und aufzieht (16,1–6) und das von ihrem Ziehvater noch in der Pubertät geheiratet wird

---

[80] Athalya Brenner-Idan, Jahrzehnte später: „Pornoprophetisches" aus heutiger Sicht, in: Irmtraud Fischer / Juliana Claassens (Hg.): Prophetie, Stuttgart 2019, 293–304.

(V7–14), wobei man sich an ihr bereits vor ihrer Ehe sexuell vergreift (23,3f.8). Von ihrem göttlichen Ehemann wird die schöne junge Frau mit Luxusgütern überhäuft (16,10–14). Die junge Frau jedoch dankt es ihm nicht – was durchaus verständlich ist, wenn man im Bild des traumatisierenden Kindesmissbrauchs bleibt. Sie verschenkt vielmehr den Schmuck und die besten Lebensmittel an ihre Liebhaber (V15–34) und wird beschuldigt, es mit jedem Vorbeikommenden bzw. mit Vertretern aller Völker zu treiben (V15.25f.28f.; 23,5–27), wobei die Größe des Penis eine Attraktion bilde (16,26; 23,20). Als Gipfel ihres Treibens wird hervorgehoben, dass sie nicht nur wie eine Ehebrecherin nach einem fremden Mann Ausschau hält (16,32) und sich auch nicht wie eine Prostituierte für ihre Sexarbeit bezahlen lässt, sondern dass sie sich ihre Liebhaber selbst aussucht und diese für ihre Dienste auch bezahlt. Mit anderen Worten, sie nimmt männliche Prostituierte in Anspruch, wodurch die in Bezug auf das männliche Geschlecht als (bis heute) normal wahrgenommene Praxis auf den Kopf gestellt und skandalisiert wird (16,31–35; 23,40). Wenn die Frau ihre Männer einkleidet (16,18), stößt sie zudem auch die Verteilung der ehelichen Verantwortungen um (vgl. Ex 21,10).

Zur Strafe wird JHWH seine untreue Frau vor den Augen all ihrer Liebhaber nackt ausziehen, und diese werden ihr alle Gewänder und allen Schmuck wegnehmen. Über die nackt daliegende und erniedrigte Frau wird sodann mit göttlicher Zustimmung durch ihre Liebhaber im Rahmen einer Volksversammlung beschlossen, dass sie getötet, ja übertötet werden soll, denn sie soll nicht nur gesteinigt, sondern auch in Stücke gehauen werden (Ez 16,35–43; 23,45–47). Bestraft wird also nur die Frau – die Ehebrecher, die am Ende mit dem göttlichen Ehemann gemeinsame Sache machen, gehen straffrei aus. Gemeinsam installieren die Männer das Patriarchat auf dem zu zerstörenden Leib dieser Frau neu, indem Mutter wie Tochter und Schwester wie Schwester, also überhaupt alle Frauen, beschuldigt werden, es gleich zu treiben, und sie alle daher ähnliche Strafen verdient hätten (16,44–52). Zumindest aber sollten alle Frauen durch das an ihr statuierte Exempel gewarnt werden (23,48). Wenn die Frau zudem dem Spott ihrer Feindinnen ausgesetzt wird (16,27.57), potenziert dies die

Schmach, da sich an diesem perfiden patriarchalen Kessel-treiben auch die Geschlechtsgenossinnen beteiligen und sich gegen sie wenden.

Das in 23,32–34 eingebaute Lied vom Zornesbecher, den Gott Oholiba zu trinken zwingt, wie er es auch bei ihrer Schwester getan hatte, begeilt sich in Schadenfreude an der Traumatisierung der Frau, die bis zur letzten Neige den ver-wüstenden Trank zu sich nehmen muss und, an der Gewalttat irre geworden, anschließend noch die Scherben des Gefäßes zerkaut und in Autoaggression ihre Brüste verletzt.

Auch der Text über den Zornesbecher in Jes 51,17–23 setzt voraus, dass JHWH ihn gemischt hat, da Jerusalem ihn aus sei-ner Hand getrunken hat. Er hat das Grauen über die Stadt ge-bracht. Traumatisiert von der Eroberung, die im Bild der Frau immer Vergewaltigung bedeutet (V23), vermag sie sich kaum mehr aufrecht und nur mehr taumelnd auf den Beinen zu halten (V17.20f.; man denke an Ri 19,26!). Dieser Text ist auch erhellend für den dritten Bereich, der von göttlicher sexuali-sierter oder gar sexueller Gewalt spricht: Nachdem Jerusalem diesen Becher vollends geleert hat, nimmt Gott ihn aus ihrer Hand und gibt ihn ihren Peinigern zu trinken (Jes 51,22f.), die ihr befahlen, sich zu bücken, damit sie über sie hinweg tram-peln konnten – in diesem Kontext wohl ein Ausdruck von *gang rape*, von kollektiver Vergewaltigung. Was die Stadt als Frau mitgemacht hat, müssen nun die ebenfalls in ihren Haupt-städten symbolisierten Völker über sich ergehen lassen.

In diesem dritten Problemfeld der *Völkersprüche*, die sich vorrangig in der Schriftprophetie finden, klagt die Gottheit Israels, die die Völker als Werkzeuge zur Züchtigung der als Frau personalisierten Stadt (bzw. auch des Landes) gebrauch-te, diese des Gewaltexzesses an und droht ihnen, Gleiches mit Gleichem zu vergelten (vgl. Bar 4,5–5,9). So wird in Jes 13,16 Babel angekündigt, dass man neben allen Kriegsgräueln auch ihre Frauen vergewaltigen wird. Diese Vorstellung steht wohl auch hinter der Feminisierung von Ägypten in 19,16. Dabei sind die psychischen Folgen von Vergewaltigung wohl be-kannt, wenn es in 23,12 für Sidon heißt, dass sie nie wieder fröhlich sein wird. Die Entblößung der Geschlechtsteile der Besiegten, wie sie in 47,2f., Jer 13,22.26 oder Nah 3,5f. und auch ikonografisch auf assyrischen Darstellungen, die die Wegführung der Gefangenen zeigen, belegt ist, visualisiert nicht nur deren Erniedrigung, sondern wohl auch deren Schändung, die durch die offene Nacktheit jederzeit wieder geschehen kann.[81]

Eines der abstoßendsten Bilder findet sich im Spruch gegen Tyrus in Jes 23,15–18, wenn die als Frau personifizierte, vormals so stolze und schöne Stadt gezwungen wird, 70 Jahre lang ihren Lebensunterhalt durch Prostitution zu verdienen, der erpresserische Zuhälter JHWH jedoch den Lohn ihrer Sexarbeit einkassiert und diesen dann auch noch als heilige Gabe bezeichnet (V18).

All diesen Texten gemeinsam ist die brisante Problematik, dass sie nicht nur die Zustände patriarchaler Ehen in Alt-Israel widerspiegeln und damit anzunehmen ist, dass Frauen – wie häufig heute auch noch – in Trennungssituationen roher männlicher Gewalt ausgesetzt waren, sondern dass durch die Jahrhunderte hindurch männliche Gewalt in der Ehe durch das biblische Zeugnis eines gegen Frauen gewalttätigen Gottes legitimiert werden konnte. Obwohl die Texte allesamt das ganze Volk im Bild einer Frau personalisieren und in dieser Figur männliche und weibliche Mitglieder repräsentiert sind, lesen Frauen derlei Texte doch anders. Ausschließlich ihre Sexualität und ihre sexuelle Vulnerabilität wird als deviant ins Bild gesetzt und teils sogar animalisiert (z. B. Giftschlange: Jes 59,5; Kamelstute und Wildeselin: Jer 2,23f.),[82] nicht auch die der Männer, die sich dadurch viel leichter von solchen literarischen Gewaltinszenierungen distanzieren können. Solche Texte aus der pastoralen Verwendung auszuscheiden, wie dies heute oft der Fall ist, ist eine Möglichkeit, mit ihnen umzugehen. Allerdings vertuscht man damit die leidvolle Rezeptionsgeschichte solcher Texte und schützt damit die Täter, nicht die Opfer. Wesentlich adäquater ist es, solche Texte als *memoria passionis* zu lesen, als Terrortexte, die den Schrei der Opfer nicht verschweigen, sondern vielmehr religiöse Gemeinschaften zur Reflexion zwingen, wie weit sie Gewalt insgesamt le-

---

[81] Siehe die Abbildung bei Gerlinde Baumann, Gottesbilder der Gewalt im Alten Testament verstehen, Darmstadt 2006, 120.

[82] Zur Dehumanisierung durch Animalisierung siehe Brenner / van Dijk Hemmes, Gendering, 182–184.

gitimieren, und eine permanente Gewissenserforschung in
Gang setzen, welchen Anteil sie am weltweit zu findenden
Verbrechen der Gewalt gegen Frauen haben und wie weit sie
daher mitschuldig sind.

2. Der Gott Israels als begehrender Mann: Ehe als Bildgeber für die Bundestheologie

Im kanonischen Endtext der Bibel liest sich das Bild von JHWH
als eifer- und rachsüchtigem Ehemann als Kehrseite einer
Medaille, auf deren Kopfseite der liebende und versorgende
Bräutigam oder Gemahl geprägt ist. Historisch gesehen sind
die Bilder jedoch nicht notwendigerweise verbunden, da die
intensivsten Texte über die Liebesbeziehung zwischen Gott
und Volk offenkundig später und als Kontrapunkt zum ersten
Metaphernkomplex entstehen. Dementsprechend finden sich
die Bilder von der wieder aufgenommenen Ehefrau im frühestens exilischen Deuterojesaja, jene von Braut und Bräutigam
vor allem im nachexilischen Tritojesaja.

Jes 49,14–21 und 54,1–8 markieren sichtbar den Übergang
vom Bild der (zwischenzeitlich) verlassenen und preisgegebenen Ehefrau in jenes der Braut oder der wieder in die Ehe Aufgenommenen. Beginnt 49,1 mit der Klage der verlassenen Frau
Zion, so setzt sich die Metapher erst im zweiten Spruch JHWHs
ab V18 fort, wo Zion wie eine festlich geschmückte Braut in
Erscheinung treten wird. Davor jedoch wird JHWH nicht als
Bräutigam ins Bild gesetzt, sondern eher als Brautmutter, die
ihr Kind niemals vergessen könne (V15) und die offenkundig
für die kinderlos gewordene Frau die vielen Kinder gebiert, die
Zion wieder bevölkern werden und über die sie sich wundert,
woher sie denn kommen, da sie selbst doch unfruchtbar und
verstoßen war. Das Motiv der unfruchtbaren Frau Zion, die nie
geboren hat, findet seine Fortsetzung in 54,1–8, wenn sie zum
Jubeln aufgerufen wird, da ihre Kinder zahlreich sein werden. Auch hier ist die leidvolle Vergangenheit der Frau noch
präsent, wenn der, der sie gemacht hat und ihr Eheherr ist

(V5), ihr zusagt, dass sie sich nicht mehr zu fürchten brauche, noch einmal beschämt oder enttäuscht zu werden (V4). Nach göttlichen Zeitvorstellungen habe er sie nur eine kurze Weile verlassen ('zb) und sie als Verlassene ('zb) und Traumatisierte gerufen, um sich ihrer in ewiger Huld zu erbarmen (V8). So souverän wie Gott sie verstoßen hat, so überlegen nimmt er Zion wieder auf – die göttliche Ehe ist also ganz nach dem patriarchalen menschlichen Vorbild gestaltet ...

Vor dem Hintergrund von Schmach und Schande (61,7) ist auch der Jubel Zions in V10f. zu lesen. Sie freut sich überaus über ihren Gott, der sie in die Gewänder von Heil und Gerechtigkeit kleidet und sie wie Braut und Bräutigam zugleich in ihrem Schmuck erscheinen lässt. Hier wird auch deutlich, warum in den Drohreden immer vom Abusus von Prachtkleidern und Schmuck die Rede ist: Die Kostbarkeiten sind die Insignien der Hochzeit, die dieses Fest als herausragendes Ereignis kennzeichnen und auch den nächsten Abschnitt 62,1–5 prägen. Hier wird Jerusalem sogar zu königlichem Schmuck (V3). Wenn sie einen neuen, sprechenden Namen erhält (V2), der die Zuwendung und das Gefallen ihres Gottes mitteilt (ḥefṣi-bah), sie nicht mehr die „Verlassene" ('ªzuba) gerufen (V4) und ihr Land nicht mehr mit Verwüstung in Verbindung gebracht, sondern sie als Eheherrin (bᵉ'ula) benannt wird, so ist die leidvolle Vergangenheit endlich abgeschlossen. Denn JHWH hat an Jerusalem Gefallen (ḥpṣ) und vermählt (b'l) sich mit dem Land. Die Freude Zions (V1) wird von Gott in Freude erwidert, weil er sich über die Braut freut wie ein Bräutigam (V5).

In einem ähnlichen Kontext des Wiederaufbaus und des wiederhergestellten Wohllebens steht die Liebeserklärung JHWHs an die Jungfrau Israel in Jer 31,2–6:

> Mit ewiger Liebe liebe ich dich und ziehe dir deswegen Huld in die Länge. (V3)

Hier kommt zum hochzeitlichen Schmuck noch die Musik für das Fest dazu (V4). Ähnlich – wenngleich nur mit impliziter Brautmetaphorik – wird in Zef 3,14–17 die Tochter Zion zum Jubel aufgerufen, weil JHWH das Urteil gegen sie aufgehoben hat und er in seiner Liebe schweigt (V15.17).

Hos 2,21f. deklariert die Liebe wiederum in einem Heiratsversprechen, das er allerdings ebenso nach erfolgter Trennung von seiner geliebten Frau gibt:

Ich werde dich mir verloben auf ewig.
Ich werde dich mir verloben in Gerechtigkeit und Recht, in Huld und in Erbarmen.
Ich werde dich mir verloben in Treue, damit du JHWH erkennst.

Die Verlobung hat ihr Ziel im Erkennen (*jd'*), das in diesem Kontext freilich auch sexuelle Konnotation bekommen kann. Durch die Verknüpfung von Gerechtigkeit und Erbarmen, die beide mit dem Brautmotiv sehr häufig verbunden werden, wird jedoch klar auf den Gottesbund mit den Menschen verwiesen, in dem Gott in Vorleistung geht und von seinem Volk entsprechendes Verhalten als Antwort erwartet.

Einem Beschreibungslied einer Hochzeitszeremonie kommt *Ps 45* gleich. Wird am Anfang ein König beschrieben, der der schönste der Menschen sei und den Gott deswegen gesegnet und gesalbt habe (V3.8), der für Gerechtigkeit und Recht kämpft (V5.8), wird in V7 die theologische Dimension eröffnet, wenn plötzlich der göttliche König in seiner Inthronisation direkt angesprochen wird, in V8 aber wieder zum von Gott Gesalbten zurückgeblendet wird. Wie in den bereits besprochenen Texten mit Hochzeitsmetaphorik werden auch hier der Schmuck und die Gewänder (V9f.14f.), der Duft kostbarer Öle (V8f.), die Musik (V9) und die zahlreichen Hochzeitsgäste von nah und fern, die (wie in den tritojesajanischen Texten) kostbare Geschenke bringen (V13), besungen. Über allem steht aber der Hochzeitsjubel, der auch die prophetischen Brauttexte dominiert (V1.16.18).

Ps 45 stellt sich wie ein Vexierbild dar, das sowohl die Hochzeit eines Königs mit einer Prinzessin im großen Gefolge und alle Feierlichkeiten im Palast besingt als auch ein Lied ist, in dem die Braut, das Volk, ihrem göttlichen Gemahl, der ihre Schönheit begehrt, zugeführt wird. Diese Doppeldeutigkeit lässt sich auch auf die Lektüre des Hohelieds übertragen und ist seit der Antike belegt. Wenn im Mittelalter das am häufigsten kommentierte Buch der Bibel das Hohelied war, dann zeigt dies einerseits, wie beliebt vor allem in der Mystik das erotische Gottesbild des Liebhabers war, andererseits aber auch, dass diese Tradition nicht einem teils leibfeindlich orientierten Christentum, sondern dem viel sinnenfreudigeren Judentum entspringt, das ausgerechnet dieses Buch als Festrolle zu Pessach liest.

Die *allegorische Deutung des Hohelieds* auf die Liebe zwischen Gott und seinem Volk[83] hat durchaus Anhaltspunkte im Text, wenn etwa die Geliebte aus der Wüste heraufzieht wie einst das Volk Israel bei seinem Weg in das Land (3,6; 8,5) oder die Rückkehrenden aus dem Exil (Jes 35,1f.). Der König, von dem in der Travestie von Hld 1,4 die Rede ist, kann wie Gott im Hochzeitslied von Ps 45 gedeutet werden; der Schmuck als kostbare Kennzeichnung und Wertschätzung der Braut findet sich nicht nur bei der profanen, sondern auch bei der metaphorischen Vermählung von Gott mit seinem Volk (Hld 1,11; Ps 45,14f.; Jes 62,3).

Wenn der Mund der Frau als so köstlich wie Milch und Honig gezeichnet wird (Hld 4,11), wird man auf das Land verwiesen, das von Milch und Honig fließt (Ex 3,8; Lev 20,24; Num 14,8; Dtn 6,3 u.ö.); und wenn ihr Duft mit jenem des Libanon verglichen wird, so gibt es diesen auch bei der wunderbaren Wiederherstellung des Volkes am Ende des Buches Hosea (14,5–9). Auch der Vergleich der Geliebten mit einem Weinberg findet sich in der Metaphorik der Beziehung zwischen Gott und Volk (Hld 1,6; 8,11f.; Jes 5,1–7); in beiden Texten wird der Mann als *dodi*, mein Geliebter (Jes 5,1), angesprochen, im Hohelied insgesamt 26-mal, die Zahl, die für den Zahlenwert des göttlichen Namens steht: „In der Gestalt des Geliebten begegnet der Gott Israels".[84] In der Aufforderung der Frau, dass der Geliebte sie hinter sich herziehen möge (Hld 1,4), klingt durch dieselbe Wortwahl die Liebeserklärung von Jer 31,3 an (jeweils *mšk*); in der Deklaration „mein Geliebter ist mein und ich bin sein" (Hld 2,16; 6,3) spiegelt sich die Bundesformel wider, wie sie im Kontext der hoseanischen Ehemetaphorik vorkommt (Hos 2,25).

---

[83] Siehe dazu Ludger Schwienhorst-Schönberger, Das Hohelied der Liebe, Freiburg i. Br. 2015.

[84] Schwienhorst-Schönberger, Hohelied, 52.

Wenn im Zwiegespräch zwischen den beiden von der Liebe in freier Natur die Rede ist und dies mit dem Signalwort „grün" (ra'ⁿnan) geschieht (Hld 1,16), so wird man freilich auf den Topos des unter jedem grünen Baum vollzogenen Ehebruchs des weiblich personifizierten Landes verwiesen (Dtn 12,2; Jer 2,20; 3,6; 17,2; Ez 6,13 u. ö.). Allegorisch bedeutet dies, dass das Volk nun bereit ist, sich mit seinem Gott in Liebe zu verbinden und den anderen Göttern eine Absage zu erteilen.

Bekanntlich spricht das Hohelied nicht von Gott. Der einzige Halbvers, in dem der Gottesname in der Kurzform vorkommt, ist Hld 8,6, wo von der Liebe als Flamme Jahs die Rede ist, die wie Feuer brennt und nach V7 auch durch gewaltige Wasser nicht zu löschen ist. Auch hier kann die allegorische Auslegung intertextuelle Beziehungen zu Texten herstellen, die von einer Offenbarung JHWHs im Feuer erzählen, sei es im Dornbusch (Ex 3,2) oder am Gottesberg mit seiner Theophanie im vulkanischen Gewand mit verzehrendem Feuer (Ex 19,18; 24,17; Dtn 4,24 u. ö.).

Diese wenigen Beispiele zeigen bereits, dass das Hohelied durchaus mit doppeltem Sinn gelesen werden kann und – zumindest seit es kanonisch ist – auch gelesen wurde. Den Schlüssel zu dieser Metaphorik bieten die Texte, die JHWH und das Volk in einer Liebesbeziehung beschreiben, die von Zuwendung und Begehren nach Einzigartigkeit geprägt ist. Gott als Liebhaber ist damit nicht nur in der mittelalterlichen mystischen Dichtung präsent, sondern bereits in jenen Texten des AT, die Weltliteratur geworden sind.

Eine weitere Facette der Liebesbeziehung zwischen Gott und seinem Volk, die die Konzeption der patriarchalen Ehe dekonstruiert, kommt durch die weibliche Personifikation der Weisheit ins metaphorische Spiel. Sie wird in Bezug auf Gott als präexistente Mitschöpferin (Spr 8,22–31), als Mitregentin (Weish 9,4), Gottes Geliebte (8,3) und als reale Präsenz der Gottheit unter den Menschen (Sir 24,1–22; vgl. Joh 1,14) vorgestellt. Aufgrund der weiblichen Personifikation göttlicher Gegenwart wird es in der Folge in Weish 8,2–16 sogar möglich, die Machtverhältnisse patriarchaler Ehemetaphorik umzudrehen: Salomo kann Frau Weisheit als Braut begehren und ihre Schönheit bewundern (V2), sie als Lebensgefährtin (V9) und Regierungsberaterin (V10) wählen, die ihm beim Volk, im Gericht und auf dem internationalen Parkett Ansehen verschaffen wird (V10–15). In der Intimität seines Hauses kann der König sodann nach anstrengenden Regierungsgeschäften in den Armen von Frau Weisheit ausspannen und mit ihr Frohsinn und Freude erleben (V16), die ihm neuen Elan für seine Aufgaben schenken – alles Gaben, die erfüllter Liebesgenuss zu geben imstande ist. Es verwundert daher nicht, wenn Sir 24,12–19 Frau Weisheit mit den Metaphern des Hohelieds schildert und sie mit allerlei herrlichen Gewächsen und Bäumen, die mit ihren Früchten und Gewürzen zum Genuss mit allen Sinnen einladen, beschrieben wird. Wie in gelingender sexueller Beziehung verschafft der Genuss zwar tiefe Befriedigung, aber die Erfahrung, die alle Sinne verzaubert und sich tief in die Erinnerung eingräbt, verlangt nach mehr und steigert das Begehren (V20f.; vgl. Hld 8,7).

XI. Zum Abschluss: Sexualität bestimmt das ganze Leben

Wir alle haben unser Leben der sexuellen Potenz zu verdanken; selbst Retortenbabys kommen durch die – wenngleich technisch unterstützte – reproduktive Geschlechtskraft ins Dasein. Werden Kinder nicht durch Erwachsene daran gehindert, sind die ersten Entdeckungen ihrer Sexualität bereits im Vorschulalter mit Lust am eigenen und mit Neugier am fremdem Körper verbunden. In der Pubertät ändert sich die Geschlechtlichkeit insofern gravierend, als sie für die meisten Menschen reproduktive Potenz bekommt und für fast alle die liebende Hinwendung zu anderen Individuen bewirkt. Libidinöse Weltbeziehung richtet sich jedoch nicht nur auf den Körper des begehrten Menschen, sondern beeinflusst die Wahrnehmung der gesamten Lebenswelt. Nichts prägt die Erwachsenenwelt so sehr wie die (aus)gelebte Geschlechtlichkeit. Wenn heute Sex auch als „die wichtigste Nebensache der Welt" bezeichnet wird, kann sich unsere Gesellschaft dies leisten, da es, ganz anders als in manchen Epochen antiker Gesellschaften, keinen Mangel an Nachkommen gibt. Demographischer Wandel durch bessere Ernährung und medizinische Versorgung macht ein Überleben fast aller Geburten und auch viel häufiger ein Leben weit über die fruchtbare Lebensphase hinaus möglich. Der Lebenslauf heutiger Menschen kennt daher eine Hoch-Zeit sexueller Aktivität, die mit dieser Lebensphase annähernd konform ist. Bei Frauen dauert diese selbst heute noch kaum mehr als vierzig Jahre, bei Männern ist die Spanne etwas größer. Da die durchschnittliche Lebenserwartung doppelt so hoch liegt, ist der Mensch heute die Hälfte des Lebens in der Fertilität inaktiv, jedoch keineswegs asexuell. Die beglückende Transformationskraft der Erotik kann bis zum Lebensende erhalten bleiben, sie drückt sich allerdings anders aus. Das Empfindsame und Feinfühlige der Liebe, die im Alter an die Stelle von leidenschaftlicher Sexualität tritt, die an die eigenen Grenzen führt und hart wie die Unterwelt sein kann (Hld 8,6), überlebt im Alter in der Zärtlichkeit und der wohlwollenden Zuwendung. Fruchtbarkeit ist keine Bedingung von Sexualität, die im Alter ganz anders gelebt und erlebt wird. Die drängende Lust kann dem stillen Genießen weichen, und selbst der Genuss schränkt sich mit steigendem Alter zunehmend ein, wie bereits der achtzigjährige Barsillai David ausrichten lässt (2 Sam 19,36). Nicht nur die sexuelle Potenz lässt nach, sondern auch die Kraft der Sinne, die im Erwachsenenalter ihre Energie entfalten und eine aktive, erotisch-resonante Weltbeziehung ermöglichen, die das Selbst mit allen Bereichen kommunizieren lässt – wie bereits die Rabbinen im Babylonischen Talmud konstatierten: „Drei Dinge haben etwas von der künftigen Welt: der Schabbat, die Sonne und der Beischlaf" (Ber 57b). Das zeugt freilich von einer ganz anderen Einstellung zu Sexualität als sie bis heute in einigen Kirchen vorherrscht, in denen ausschließlich alte, zur sexuellen Inaktivität verpflichtete Männer, die zudem offenkundig zentrale Aspekte ihrer Heiligen Schrift nicht zur Kenntnis genommen haben, in hierarchischen Gerontokratien über Sexualmoral bestimmen.

Stellenregister

Altes Testament

Neues Testament